ミネルヴァ日本評伝選

北条時政

頼朝の妻の父、近日の珍物か

野口 実著

ミネルヴァ書房

刊行の趣意

「学問は歴史に極まり候ことに候」とは、先哲荻生徂徠のことばである。

歴史のなかにこそ人間の智恵は宿されている。人間の愚かさもそこにはあらわだ。この歴史を探り、歴史に学んでこそ、人間はようやくみずからの正体を知り、いくらかは賢くなることができる。新しい勇気を得て未来に向かうことができる。徂徠はそう言いたかったのだろう。

「ミネルヴァ日本評伝選」は、私たちの直接の先人について、この人間知を学びなおそうという試みである。日本列島の過去に生きた人々の言行を、深く、くわしく探って、そこに現代への批判を聴きとろうとする試みである。日本人ばかりではない。列島の歴史にかかわった多くの異国の人々の声にも耳を傾けよう。

先人たちの書き残した文章をそのひだにまで立ち入って読み、彼らの旅した跡をたどりなおし、彼らのなしとげた事業を広い文脈のなかで注意深く観察しなおす——そのとき、はじめて先人たちはいまの私たちのかたわらによみがえってくる。彼らのなまの声で歴史の智恵を、また人間であることのよろこびと苦しみを、私たちに伝えてくれもするだろう。

この「評伝選」のつらなりのなかから、列島の歴史はおのずからその複雑さと奥ゆきの深さをもって浮かび上がってくるはずだ。これを読むとき、私たちのなかに新たな自信と勇気が湧いてきて、その矜持と勇気をもって「グローバリゼーション」の世紀に立ち向かってゆくことができる——そのような「ミネルヴァ日本評伝選」にしたいと、私たちは願っている。

平成十五年（二〇〇三）九月

上横手雅敬
芳賀　徹

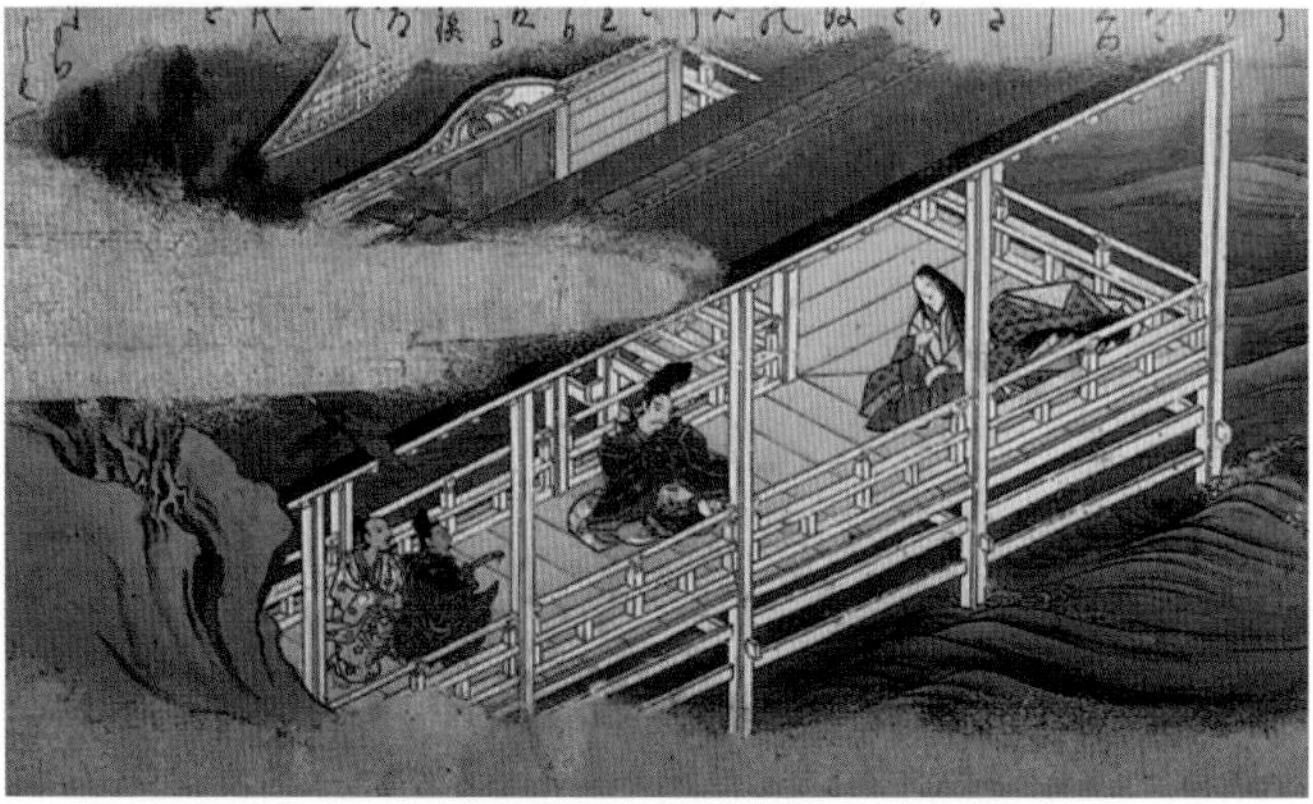

北条時政（『太平記絵巻』）

伊豆北条から望む富士山

空から見た北条氏邸跡

山裾の土が見えている三角形の部分が「史跡北条氏邸跡」。

はしがき

武士は、「一所懸命」と言われるように、所領に執着して土と共に生きた。その一族や郎等たちも共通の神仏を祭り、いったん緩急あれば、その司祭者でもある族長（家督・惣領）のもとに結集して「武士団」を結成する。鎌倉幕府が成立した頃の武士団のイメージというのは、こんなものであろう。

武士は「在地領主」であるという理解である。そして、たとえば、源頼朝が平家打倒の兵を挙げた時に率いてきた兵力（騎数）とか、名字（家名）とする地名を冠する荘園や公領の規模から、その武士団の大小が論じられるのである。

こうした武士（武士団）に対する理解を支えているのが、戦前来の「退廃的で『女々しい』都市（京都）の貴族に対して、地方（田舎）をバックに成立した武士は勇ましく、逞しく、健全な『男らしい』存在である」とする「常識」と、武士と貴族を峻別して古代から中世への展開を階級闘争として理解する戦後歴史学の「理論」である。とくに前者は、「常識」と述べたように根強いものがあり、それは、学問や芸能をこととする貴族を否定的に捉える一方、無知蒙昧で非文化的な存在としながらも武士を肯定的に理解する心性を育んでいった（野口 一九九四・二〇一一）。

しかし、あらためて考えるまでもないことだが、中世の武士は武芸だけに勤しんでいたわけではない。武力の行使を正当化するための身分を得るには王権守護の任に就《つ》かなければならない。そのためには儀礼の作法（有職故実《ゆうそくこじつ》）に精通する必要がある。在地に領主として臨むためには文筆能力や宗教的な権威を負わなければならない。有力な武士は一族を統合するためにも国衙の在庁官人や荘園の下司の地位を占めたから、行政に関する専門的な知識を求められたし、自らを文化的に荘厳する必要もあったのである（野口　一九九三・一九九四・二〇一七）。

さて、そんな観点から本書の主人公である北条時政を概観してみよう。

名字の地である伊豆北条の地は狭小で、婿に迎えた源頼朝を擁して挙兵した時の武力もせいぜい数十。だから、郡規模の本領を有し、数百騎の武力を率いた相模の三浦氏や下総の千葉氏などとは比べようもないちっぽけな武士団を率いる存在に過ぎない。そういえば、二〇一二年のＮＨＫ大河ドラマ『平清盛』に登場した北条時政（遠藤憲一が演じた）もダイコンの入った籠を抱えていたりして、江戸時代の庄屋さんのような風情であった。しかし、彼の本拠とした北条の地（現、静岡県伊豆の国市韮山《にらやま》）は、狩野川水運と伊豆半島を縦貫する陸路の結節するところで、まさに伊豆国の喉元を押さえるような場所である。現在の三島市にあった国衙に近く、時政はその在庁官人であった。源義経退京後の京都守護に任じて、面倒な朝廷との交渉や畿内近国の軍政を担い、やがては並み居る有力御家人を従えて鎌倉殿の執権別当《しっけんべっとう》という地位を確立している。それに、彼の妻は中央貴族の娘だったではないか。これはどうも庄屋さんのイメージとは整合しそうもない。

北条時政の実像は闇の中にあるようである、それでは、大河ドラマで描かれたような彼のイメージはどのように作られてきたのだろうか。そして、彼の真の姿は。

本書では、序章において、まず北条時政に対する通俗的な認識（いわゆる俗説）を押さえた上で、その前提となった近代以降の歴史学者による評価を踏まえ、彼の真の姿を捉えるための課題をさぐる。第一章では時政を生んだ北条氏の出自とその本拠地である伊豆国北条の空間について検討する。第二章は時政、さらには北条氏が日本史上で大きな役割を果たすきっかけとなった源頼朝の挙兵について述べる。ここでは、流人だった頼朝を支援したさまざまな立場の人々の中で、舅たる時政がどのような位置を占めたのかを見ておきたい。第三章は時政の家族から彼の可能性を検討する。弟の時定と妻の牧の方は彼を評価する上でキーパーソンとなるだろう。第四章では、指摘されながらも、従来、あまり具体的な追究の及んでいなかった時政と京都権門《けんもん》との関係について論じたい。それを踏まえれば、これまでの領主制論的な観点から加えられてきた伊豆段階の北条氏を小規模な武士団ないしは小土豪とする評価に疑義が生じることになるかも知れない。第五章では、木曽義仲・平家追討、そして鎌倉の政権が国家的軍事権門（幕府）として確立していく過程における時政の活動を追う。合戦の場における華々しい活躍はうかがえないが、伊豆周辺の諸国への所領拡大や外孫の鎌倉殿継承を策しながら着々と地歩を固めていく姿を垣間見ることが出来るだろう。第六章では梶原氏や比企《ひき》氏との権力闘争の実相について、京都政界にまで視野を広げて検討し直してみたい。彼が初めて任じたとされる幕府

「執権」についても、武家政権独自のものというのではなく、権門貴族の家政機関の職制の延長として捉え直す必要があるだろう。第七章は、嫡子を失った衝撃の中で、賢妻牧の方とともに娘婿の平賀朝政の鎌倉殿擁立を図ったが、それに失敗して伊豆に退隠するまでの時政について述べたい。従来、彼は失脚の後、全く政治的発言力を失っていたと考えられていたが、最近紹介された新史料によって、後鳥羽院との良好な関係を結びながら、一定の影響力を保ち続けていたことが明らかとなった。そうなると、子の政子・義時との関係は対立という側面よりも世代交代による北条氏権力の維持という評価が可能になってくるであろう。そして、終章では伝記類の常道に従って、時政の子女たちと人としての彼に対して私なりの評価を加えてみたい。

私はこの本を著すにあたり、その前提として所属先である京都女子大学宗教・文化研究所の『研究紀要』に「「京武者」の東国進出とその本拠地について――大井・品川氏と北条氏を中心に」(第一九号、二〇〇六年)・「伊豆北条氏の周辺――時政を評価するための覚書」(第二〇号、二〇〇七年)・「北条時政の上洛」(第二五号、二〇一二年)の三つの論文を発表した。それが各章に反映しているから、内容に若干の重複があるかも知れないが、必ずしも章立ての順序に従って読む必要はない、というメリットが生じている。少し専門的な内容になっている章もあれば、どなたにも読みやすい章もある。関心のおもむくところから開いて頂ければ幸いである。

北条時政——頼朝の妻の父、近日の珍物か

目次

はしがき

目次

京武者の孫　行動的な妻・賢い子どもたち・有能な弟に支えられた人生

図版一覧

序章　「北条時政」のイメージ

1　「小土豪から陰険な権力者へ」という俗説

伊豆の武士で、流人であった源頼朝を婿に迎え、その政権（鎌倉幕府）の創業を支え、幕府成立後の権力闘争に勝利して、北条氏による執権政治の基礎を固めた人物として知られる北条時政。

裏方将軍

管見の限り、単行本として刊行された唯一の伝記のタイトルが『裏方将軍　北条時政』（小野眞一著、二〇〇〇年、傍点筆者）であることに端的に示されるように、古くから、時政のみならず源氏将軍期における北条氏の一族に対するイメージはけっして芳しいものではない。その理由について、一九六〇年代に東国武士団の研究を牽引した安田元久は、その著書『北条義時』の中で、つぎのように述べている。

彼は江戸時代の史家の間でも、概して不人気であった。この時代はいわゆる「武士道」、すなわち武家道徳が完成された時期であるが、それはこの時代の封建的幕藩体制の維持・強化に奉仕するものとして体系化された道徳規範に他ならない。従って、そこでは主君に対する忠誠が最も重視された。その道徳に律して歴史を見るとき、主家である源氏将軍家を三代にして滅し、将軍の実権を奪ってしまった北条氏、とくに義時は、その陰険な策謀とあいまって、強く非難されなければならなかった。

義時に対する評価であるが、これは時政にも汎用されるであろう。「裏方将軍」と呼ばれるゆえんである。

伊豆の小土豪

文治元年（一一八五）、時政が、頼朝に叛して退京した源義経の後をうけ、頼朝の代官として上洛したことはよく知られており、通説では鎌倉幕府における初代京都守護と位置づけられている（上横手 一九八三）。しかるに、頼朝挙兵以前の北条時政に対する通説は、伊豆の小土豪に過ぎないというものである。

中世前期の武士を、「在地領主」という側面から研究することが支配的だった戦後の研究環境の中で、伊豆時代の北条氏が小規模な武士団であると主唱したのは奥富敬之である（奥富 一九八〇・一九八三）。基本的にこの認識は現在も継承されており、近年、北条氏研究をリードしている細川重男も頼朝挙兵以前の北条氏について「当時の東国武家社会にあってはその他大勢、有象無象の武士団の一つに過ぎなかった」と評価している（細川 二〇一一）。

一方、安田元久は、北条氏の進取的・打算的性格を指摘するとともに、京都に深い関係をもっていたであろうとの見解が有力であることを指摘し、その理由として、北条氏の「本拠地は、西方に対する伊豆国の門戸を扼《やく》し、また東海道筋に近く、中央の情報を得るには、かなり便宜があったと思われるし、また在庁官人として国衙《こくが》機構を通じて、中央と密接な関係をもったことも容易に想像されるであろう。従って京都政界の動向は、かなり正確に北条時政に知らされていたものと思う」と述べている（安田 一九六一）。要するに北条氏の本拠の立地が京都と結ばれた交通の要衝に位置し、在庁官人であるから、京都との関係も密接だというのである。しかし、これらは下野の小山氏、下総の千葉氏なども同じ条件下にあるから、伊豆が少しばかり京都に近いというだけのことにしかならない。

今日の研究では、当時の武士は経済的・職能的基盤を得るために交通・流通の拠点に本拠を構え、政治的な基盤を確保するために常に京都権門との関係を取り結ぶ存在だったことが明らかになっており、それを踏まえれば安田の指摘は結果論とならざるを得ないからである。北条氏の進取性や打算性を説明するには、小山氏や千葉氏と異なる、あるいは同じ要素でもそれをはるかに上回る点を見出す必要があろう。

それにしても、頼朝挙兵以前の北条時政が一般的な理解のように、伊豆の小土豪に過ぎないとしたならば、なぜ、頼朝に叛した義経逃亡後の困難な状況下に京都守護という重責を担い得たのか。義経の捜索・追捕、京都のみならず畿内近国一帯における治安維持、朝廷・寺社や権門貴族への対応、混乱に乗じて私権拡張を目論む在地勢力への対応など、難題山積みの状況の下、頼朝の岳父（舅）であるというだけで時政が選任されたとは、とうてい思えない。そして、なにゆえに、並み居る東国御家人を束ねて、その上位に立つことが出来たのか。さらに言えば、どうして、田舎娘に過ぎないはずの彼の娘（政子）が公卿にまでのぼりつめた頼朝の正妻であり続けることが出来たのだろうか。通説は矛盾と疑問だらけなのである。

2 先学の評価

江戸時代以前は措くとして、近代以降の歴史学者は北条時政をどう評価してきたのだろうか。先ずは代表的な意見を徴《ちょう》し、後にその着目点について検討しよう。

大森金五郎

近代以降、歴史学者が北条時政を正面から取り上げた研究として先ず第一に挙げられるのは、『武家時代之研究』（一～三巻、冨山房、一九二三～三七年）で知られる鎌倉時代史研究の泰斗大森金五郎（一八六七－一九三七）による「北條時政の批判」（一九二二）である。

大森は「北條氏の事といへば世間では一種暗影が附き纏って居る様に考へる」と述べ、その理由として、「源頼朝が艱難辛苦して開いた鎌倉幕府を、後に至っては北條氏が種々術策を弄してマンマと之を其の手に収めて了ったといふ事」と「時政が後妻牧氏の言を用ひて畠山氏を倒し、又将軍の弑殺を謀ったこと」を挙げるが、「北條氏に関する非難といふものも、半ばは感情に出で。従来からの大ざっぱな史論に基き、史実上の根拠甚だ薄弱な様に思はれるのである」とする。

一方、「頼朝自身は大したものではなくて実は時政の薬籠中の物であったのであるといふ様に説く者がある」ことについては、これを否定する。しかし、石橋山合戦の後、甲斐源氏との連絡のためにいったん甲斐に向かったが、頼朝の在所が不明では呼応を期しがたいと見て頼朝を追って安房に渡り、それから再度甲斐に赴いたことに、時政の「用意周到」なることを見出す。また、頼朝が政治上の真実の大事を時政とのみ相談したことや、義経問題に対応するために上洛して、諸事を治めて、離京の際には諸方から惜しまれたことなどを挙げ、「北條氏の事は大義名分上から論ずれば、不都合だらけであるが、一族の者何れも之に幹たるの才を有し、政務を理法的に処理して行って、ムチャな事の割合に少かった事は武家時代の事としては感ずべき事柄である。政子なども貞観政要を和訳させて政治の資に供したさうで中々凡庸の者では無かった」と論じ、時政を「敏腕家」と評価するのである。

時政の晩年を惑わした後妻牧の方については、まず『愚管抄』巻第六の、

北條時政若き妻を設けて、それが腹に子供まうけ、女多く持ちたり。此妻は大舎人允宗親と云へる者の女也。兄は大岡判官時親とて五位尉になりてありき。其宗親は頼盛入道（平宗盛の叔父）が許に多年使いて、駿河国大岡牧と云ふ処を知らせけり。武者にもあらず、か丶る者の中に、か丶る果報の出でくる不思議なり

という記事を挙げ、「其の性行については批議すべきものが多い」とする一方、「一体時政の先妻は何んといったか又死別であるか生別であるか」ということと、時政と「牧氏との関係は何時頃からか」はともに不明であるけれども、「兎も角も政子や義時及び畠山重忠の妻、足利義兼の妻などは何れも先妻の所生か、又は妾腹であり、それから平賀朝雅の妻や権中納言実宣及び坊門忠信などの妻は後妻牧氏の所生」という客観的事実を提示している。

また、政子が頼朝の愛人である亀の前に「うわなりうち」（旧妻が、仲間を募って、新たに夫の寵愛をうけている女性の宅を襲う風習）を行った事件における牧宗親や時政の行動から、牧氏が勢力を有するほどの存在ではなく、「要するに頼朝の存生等中は時政と雖も牧氏と雖も之に推服して居て、未だ我儘を発揮するには至らなかった」ことを指摘する。

建久四年（一一九三）の富士野の巻狩における曾我兄弟の仇討ちの際、五郎・十郎の兄弟が工藤祐《すけ》経《つね》を討取ってから頼朝をうかがったのは時政の教唆に出たのであろうという説については、「此の推測は少し穿ち過ぎた事のように思はれる」と述べる。そして、時政失脚の背景となった義時・政子と牧の方の政治的対立を実朝の結婚問題に求めて、「義時は其の姪に当たる足利義兼の女を薦めた」のに対して、牧の方所生の女子は京都の公家の間に嫁し、その一人が坊門忠信の室となっていたことから、彼女が信清（忠信の父）の女を実朝に推薦した事を指摘し、「それかあらぬか牧氏は此の頃から追々手腕を振ふ様になった事が史上に散見して居る」と述べる。

また、時政と牧の方が義時の反対を押し切って進めたとされる畠山重忠の追討について、合戦の後、時政がその模様を義時に尋ねたのにこたえて、義時が重忠の冤罪を語ったのに対し、「時政は之を聞いて一言も発しなかった」ことを指摘する。これと同様に、実朝弑殺の陰謀で牧の方とともに失脚した際、「時政は感ずるところあったと見えて、俄に落飾し当時六十八歳尋で伊豆の北條に下向し、是より全く政界から退隠する事となった」と同情的な筆致を示すのである。

佐藤進一

戦後における鎌倉時代政治史研究のベースを固めた佐藤進一（一九一六－二〇一七）の「鎌倉幕府政治の専制化について」（一九五五）は、頼朝挙兵以前における北条時政の評価においても今日の学界において最もスタンダードな見解を提示したものである。

佐藤は、幕府における北条氏の立場を「豪族的領主層の代弁者と考えることができるかどうか」と問題提起し、北条氏の幕政主導権掌握を以て、直ちに将軍独裁制を克服する真の意味の武家政治の確立とはなしえず、また、北条氏の族的性格は東国の豪族的領主層とは相当異なったものをもっていたという見解を披瀝する。そしてその根拠として、①時政が先祖以来の伊豆の在庁であったと伝えられるにもかかわらず、頼朝挙兵当時すでに四十歳を超えて北条家の当主であったにもかかわらず何の受領ももたず、四郎を称していること、②鎌倉時代に活躍する北条氏の一族は時政の子孫で、時政以前に分派した北条氏の庶家庶族については全く知るところがないこと、③後年北条氏被官として政界に君臨する尾藤《びとう》氏・平氏（長崎）・諏訪氏は古くからの北条氏の家人ではなく、伊豆出身ですらないことなどを挙げる。そして、「少なくとも同氏が幕府創立の軍事的中心勢力となった千葉・三浦諸氏のような豪族的領主層出身ではなく、したがって族的支配の面はもちろん、種々の面で豪族的伝統の重みを背負っていなかったと言ってよいのではあるまいか」と結論づけるのである。

上横手雅敬　政治は社会的諸現象の集中的反映であるという見地から、一貫して中世前期政治史に立ち向かっている上横手雅敬（一九三一－）が、二十代にしてものした啓蒙的名著『北条泰時』（一九五八）から、成立期の北条氏に関する論述を取り上げる。

北条氏は多くの系図を比べても、時政以前については相違が多く、保元・平治の乱にも、参加していない。頼朝と政子の間に恋が芽生えて、時政が頼朝を庇護したという話よりも以前に、北条氏のことを記した記録はない。有力豪族の三浦氏・千葉氏等のように一族が多数繁栄して大規模な同族武士団を形成しているわけでもない。このように、武士団としての存在形態から北条氏の特異性を述べる。

ついで、北条氏は東国武士が一般に愚直・素朴であるのに対し開明的・打算的で、思想・行動の上で大変かわった存在であることを、京下りの有能な官僚大江広元と巧みに手を握ったり、実朝が暗殺された後に、皇族や藤原氏から将軍を迎えようとした非凡な着想から説明し、その際、政子が京都側の首脳と交渉した手腕も、彼女の勝気さからだけでは説明できないと述べる。さらに、「新しい体制が生まれるときには、いつも新旧両体制に通暁した人物が有能さを発揮する」ことを指摘して、北条氏が東国武士としての性格とともに、かなり京都と深い関係にあったことを推測し、「伊豆に土着したのもさして古い頃ではなかろう」とする。

また、文治二年（一一八六）時政が、京都で盗賊を捕え、検非違使に渡さずに首を斬ったことについて、これは違法であるが、盗賊の横行を取締るという目的は、時政のその行為によってはじめて果されたとして、その歴史的役割を高く評価している。

安田元久

　戦後の日本中世史学において、とくに成立期の鎌倉幕府や東国武士団の研究に大きな功績を残すとともに、その成果を市民向けの著書として還元することでも活躍したのが安田元久（一九一八－九六）である。したがって、氏の見解は今日におけるオーソドックスな北条氏認識を構成しているといえる。ここでは、その、まさに一般向けに書かれた『鎌倉幕府　その実力者たち』に収録された「北条時政」（一九六八）を取り上げたい。

　安田は先ず、頼朝挙兵に関する「しかれども、真実の密事においては、北条殿の外、これを知る人無し」という『吾妻鏡』治承四年八月六日条の記事を引いて、頼朝が初めから深く信じたのは時政のみであったことを述べる。そして、時政の存在形態について、田方郡四日町北条の附近一帯と推定されるその本拠が伊豆の国府（三島）に近く、肥沃な狩野川流域平野に位置し、伊豆から駿河に進出する地点を擁し、中央の情報を得るに便宜のある、いわば伊豆国の要衝ともいえる地方であったことや、国衙機構を通じて、中央と密接な関係をもちうる在庁官人たる時政が、その思想や行動の上から推して、当時一般の東国武士とはかなり異なった性格をもっていたことを推測。そして、時政は頼朝の挙兵以前に、何度か京都に上っていたと思われ、また平氏と近い関係にあったとし、天台座主明雲《みょううん》が伊豆に配流される途中に延暦寺僧徒のために奪回されたという事件の情報などから、中央政界の混乱と政治権力の弱体化とを正確に看取したに違いないと見る。

　挙兵後の時政については、山木館襲撃の攻撃軍の指揮をとったことを指摘。その後、甲斐・駿河地方に赴いて、この地方の源氏勢力を組織し、頼朝が黄瀬川まで進んできた時に信濃源氏をあわせて、約二万騎の軍勢を率いて参会したという事実から、その戦略家としての側面を評価する。

義仲追討から平氏追討の期間、時政は戦陣に臨むことがなかったが、これについて安田は、時政は頼朝とともに、常に鎌倉にあって、東国政権樹立のための籌策《ちゅうさく》をめぐらしていたという理解を示す。しかし、義経が退京すると、頼朝は自身のかわりに北条時政や土肥実平《どいさねひら》を京都に送った。そして一族を相具して入洛した実平に続いて、時政は千余騎を従えて京都に入ることになるが、『玉葉』の「近国等、件の武士（時政）の進止たる可きの由、閭巷謳歌す」という記事から、この際、時政はかなり大きな権限を頼朝から与えられていたことを推測する。

京都守護としての時政について、安田は『吾妻鏡』文治二年（一一八六）三月二十三日条の記事を根拠に「その施政はすこぶる公平無私で、公家側の人々からも好感をもたれていたようである」と評価する一方、「時として彼が独断専行する如き状況もあったが、それでも結局は、頼朝の強い意志の前に、時政の意志は屈服せざるを得なかった」と頼朝の方針との齟齬も指摘している。

頼朝の死後、時政が幕政を領導するに至る事情については、大江広元との接近を重視し、また背景として、幕府の宿老《しゅくろう》、挙兵以来の功臣の病没が続いたことを挙げ、正治二年（一二〇〇）四月、従五位下遠江守に叙任されたことをもって、彼が形式的身分において、源氏一門と同格になったと理解する。

時政の失脚につながる平賀朝雅の将軍擁立については、朝雅が頼朝の猶子《ゆうし》（擬制的な子）であったことを述べ、実朝謀殺の陰謀に時政が加わったことについては、『保暦間記』の「時政、此事争カ知ラザルベキナレドモ、女性ノ計ニ付ケルカ、老耄ノ至カ、不思議ナリシ事也」という記事を挙げて、従来から種々の疑問がなげかけられていることを指摘する。そして、彼がこうした行動を起こした条件として義時・政子らとの政治的対立を指摘する。時政は比較的保守的で、とくに対京都策において頼朝時代の方策を捨て切れない立場にあり、これが朝雅や牧の方の野望と結びついたというのである。

河合正治

河合正治（一九一四－九〇）は、精神文化の側面から武家社会の実態を解明した研究者で、その成果は『中世武家社会の研究』（吉川弘文館、一九七三年）に示されている。河合がそうした視角を踏まえて時政の実像に迫ったのが「執権北条時政」（一九七四）である。

河合は時政の内面に踏み込み、同じ伊豆の武士で平家方に立った伊東祐親と比べて、「胆力もあり時勢の変化を見抜く俊敏さももった人物であったのであろう」と捉える。そして、頼朝挙兵以前、伊豆の諸豪族は伊東氏をはじめみな藤原姓で、平姓である北条氏の同族と見られるものはないが、最初の妻が伊東入道の娘であっただけでなく、時政が伊東祐親の孫にあたる曾我兄弟の宿所への参入を許し、弟時致《ときむね》の名付親になったことなどから北条・伊東氏の深い因縁を看取する。

牧の方については、彼女の父宗親が牧司として管理にあたった大岡牧《おおおかのまき》が北条の西隣に位置することを示し、時政と牧氏は地方における交際関係で接近したと見るが、その一方で、牧氏が京都の官吏で、その一族の氏神が京都にあったことから、それによって時政が一段と抜きんでた中央情報の把握を可能にしたとする。

頼朝は甲斐源氏の一族と連携する必要を挙兵のはじめから考えており、時政はその連絡のために自ら甲斐国に出向くことを予定していたと見る。また文治元年の上洛についても、「頼朝から重大使命を託されて上洛」し、「京都の公家たちを瞠目させるような精力的な活動を行な」った、と時政の政治力を高く評価するとともに、この時の時政の有した七カ国の惣追捕使兼地頭などの権限を分析し、「この時期の時政は京畿において絶大な権限を握っていた」と述べ、また、逮捕した群盗を検非違使庁に渡さず、直ちに六条河原で斬首した時政の検察行為を「機敏であざやかであった」とする。さらに、時政の関東帰参後、その目代として活動した時定にも注目し、その在京活動が六年にも及び、この間に北条氏の勢力が京畿に扶植《ふしょく》されることになったことを指摘している。

九条兼実の日記『玉葉』に見える「頼朝の妻の父、近日の珍物か」「田舎の者もっとももしかるべし、物体ははなはだ尋常なり」という時政の人物評については、「これは根っから時政を馬鹿にしているのではなく、近日の珍物というのも、近ごろ珍しい硬骨漢というほどのことであり、そのふるまいも田舎者ではあるが、なかなか尊大ぶっているところがあるといっているのであろう」と好意的に評価している。

時政の伊豆における所領は本拠の寺宮庄が中心であったが、文治元年（一一八五）にはすでに同国守護職を得、国衙も支配下におさめ、一宮三島神社の神事や願成就院の修正会以下の仏事の執行権も握った。駿河においても守護職に就くとともに国衙領も支配し、遠江国では蒲御厨《かばのみくりや》の地頭職をもっていた。文治二年、時政の目代で牧の方の外甥にあたる高成が越前の国務を妨げていると訴えられるが、時政は同国の最勝寺領大蔵庄にも地頭職を帯していたから、越前国に勢力を扶植していたことも明らかであるとし、さらに、肥後国阿蘇庄に対して預所職と地頭職を兼ねる強力な権限をもっていたことも推測している。

頼家の親裁《しんさい》は、前代からの政所別当大江広元と侍所別当梶原景時が制度的に支えたものであった。時政は、御家人たちから強い反感をかっていた景時は抹殺することができた。時政が威嚇と懐柔によって広元を自己の陣営に引き込んだのは比企の乱の時であった。これによって時政は広元と並んで将軍家政所の別当となるが、広元はただ員にそなわるだけで、最高権限が時政一人にあったことは幕府文書の様式からも察せられると述べる。また、時政時代の北条氏はまだ侍所別当を兼任していなかったが、同別当の和田義盛はすでに時政の駆使に甘んじていたことを指摘する。

牧の方による陰謀事件については、時政は「情にひかれただけで同じく娘婿である重忠の討滅を計るほど耄碌していたとは思われない」と見て、『明月記』の「時政の嫡男義時が時政に背いて、将軍実朝母子と同心して、継母（牧ノ方）の党を滅ぼしたのだ」という記事に真実性をみとめ、「時政が将軍を積極的に実朝から朝雅に代えようとしていたことは考えられず、むしろ義時がこれを口実に政権を奪取した」と考え、その背景として時政が幕政を掌握する際には義時の絶大な援助を得たにもかかわらず、時政は義時に重要な政務を預けようとせず、牧の方の一族や娘婿を重用するようになったことを指摘。この政変の直後に謀反者として名を挙げられている時政の娘婿の宇都宮頼綱もその同類と見なしている。

静岡県沼津市の高校に勤務し、地元の研究者としての立場から「郷土史家や好事家たちの百鬼夜行の如き非学問的発言や発想を、学問的・実証主義的検証によって洗い直」す作業を進めた福田以久生（一九二五－二〇〇三）の静岡県中世史に関する研究は、大著『駿河相模の武家社会』にまとめられている。その第Ⅱ部第六「鎌倉幕府の成立と沼津地方」（一九七六）に北条時政とその後妻である牧の方についての論評がある。

まず、北条氏系譜検討の材料として熱海市伊豆山の「走湯山縁起」に「天禄四年（九七三―野口注）北条大夫平時直為願主延教為寄進、建立宝塔一基」とあることを紹介し（「天禄四年は誤りであろう」とする）、ついで、挙兵後の時政の行動に関係して以下の点を指摘する。

山木討ちの際、時政は工藤も含む全軍の指揮を執る。山木の後見、堤権守信遠《のぶとお》の討伐は時政の指示による。石橋山合戦の後、加藤景員《かげかず》以下光員《みつかず》・景廉《かげかど》らは大岡庄へ向かっている。時政は甲斐源氏との連絡をはかり、十月十八日、黄瀬川で甲斐・信濃の源氏、北条父子二万騎が来応し、加藤景廉も参会。頼朝と甲斐源氏との共同体制を作り上げ、その後、甲斐源氏が西上している間に、この地方の経営に従事して、頼朝の勢力を東国より東海にまで拡大したのは、北条時政の政治力による。その組織力が奏功するだけの条件が、かねてから時政と駿東・富士・甲斐方面の領主との間に発生していたと見るべきである。亀の前事件の時の時政の態度は頼朝に自己の立場を認識させずにはおかぬ政治的配慮による。牧武者所宗親は勝長寿院供養の際に随兵。文治五年（一一八九）、牧五郎政親が将軍の御気色を蒙り、時政に預けられている。比企能員《よしかず》討伐の際には、大岡判官時親が死骸の実検に遣わされている。

福田以久生

牧氏事件で時親は出家。牧の方は伊豆に流されたが、『保暦間記』によると行方知れずになる。その後、『明月記』嘉禄三年（一二二七）正月二十三日条に在京の記事がある。

先学の着目点を検討する

以上、北条時政に関する先学六人の見解を要約した。ここで示された意見に検討を加え、着目された事実をもって成立期の北条氏ないし時政のイメージの再構築に資したいと考える。

（一）大森金五郎の見解は、『吾妻鏡』の記述に全幅の信頼を置いていることに限界が認められるが、北条氏ないし時政に関する評価は客観的で妥当なものと思われる。牧氏の勢力、曾我兄弟の仇討ち事件と時政の関係、実朝の配偶者選定における牧の方の役割など、今日の研究水準に照らしても齟齬を生じることがない。また、失脚時における時政の心境に関する指摘は首肯すべきものがある。

（二）佐藤進一の時政に関する評価は、石井進がその一般向けの名著『鎌倉幕府』（一九六五）で、これに賛意を示して全面的に踏襲したことなどから（二八六～七頁）、すでに権威ある定説となっているが、今日の研究水準からすると疑問に思われる部分が多い。

まず①についてであるが、頼朝挙兵の段階において、ただ「北条四郎」のように名字＋輩号（排行名）を名乗る武士にも国衙最有力在庁が存在した事実がある。たとえば、河越太郎重頼は武蔵国留守所惣検校職、小山四郎政光は下野大掾（権大介）職を帯していたことはよく知られるところである。また、平家政権の「東国の御後見」をもって任じた大庭景親も「三郎」であった。したがって、時政がただの四郎であるからといって、その存在を小さいものと評価することはできない。②の点は、在地への進出の時期が考慮されるべきであろう。これについては後で詳しく述べたい。③については、三浦・千葉氏などもその所領が拡大するに伴って京都や西国から吏僚や被官を採用しており、彼らが家政機関の実質的な担い手になっていくことは近年の諸研究において明らかにされている。

かくして、佐藤の意見は近年の研究に照らすと実証的に成立しがたい。ただ、北条氏が千葉氏など古くから東国に土着していた「豪族的領主」と異なる性格を有する存在であることは間違いない。しかし、後述するように、北条氏は所領開発型の武士ではなく、伊豆国衙に政治的基盤を置くとともに中央の権力と深い関係を結び、国内随一ともいえる交通・流通の拠点に本拠を置く有力な存在ではあったのである。

(三) 上横手雅敬の北条氏に対する評価は、この書が執筆された当時、学界に支配的だった階級闘争史観に基づく領主制論的な立場からのものではなく、普遍性のあるすぐれた政治史の視角に基づくものである。北条氏の土着時期が古いものでないとし、また京都との深い関係、開明性を指摘した点で、今日の問題意識の先駆をなすものといえ、その慧眼には敬服せざるを得ない。

(四) 安田元久は、時政と京都や平家との関係をさらに具体的に説明し、また時政が頼朝に深く信頼されていたことや戦略家としての側面も指摘する。時政の失脚が対京都政策におけるその保守性に起因するとしたことは注目されるが、これはやはり歴史の進むべき方向を武士の支配が貴族のそれを凌駕することに見出そうとする領主制論的な認識によるものであろう。

(五) 河合正治は、時政が大江広元に接近したことを重視した安田の見方をさらに深める一方、北条氏の本拠周辺の勢力、とくに大岡牧の牧司牧氏の存在に注目する。また時政の政治力のみならず、その眼代となった時定の在京活動を評価。時政が失脚した理由については、彼が義時を重要な政務から排除し、牧の方の一族や娘婿を重用したことを挙げている。

(六) 福田以久生は地元の研究者の立場から、挙兵時における時政の戦略、大岡庄の存在を評価し、頼朝と甲斐源氏との共同体制の樹立が時政の政治力によるものとする。また、大岡時親など牧氏一族の動向に注目する。

伊豆北条氏の存在形態を解明するために

今日、学界の通説となっている佐藤進一による評価について、その前提となる事実認識において誤りがあることを指摘した。しかし、佐藤は、頼朝挙兵後の北条氏の発展の根拠地が伊豆よりもむしろ駿河に移されたと考えられることや義時の頃から奥州の辺境蝦夷地に発展していることなどから、北条氏が、いわゆる惣領制的支配に立つ武士団とは一律に断じ難いと述べている。また、文治元年当時、北条氏が早くも公文所を設けていたことを、一般の御家人には見られない性格を暗示するものと捉え、「北条氏の社会経済的ないし文化的条件がおのずから同氏の政治的立場を諸他の御家人と違ったものにしたのではあるまいか」と述べ、北条氏を三浦氏や千葉氏のような豪族的領主層の代弁者となる存在ではないと評している（佐藤　一九五一）。これらは卓見とすべきであろう。

北条氏が、所領や一族の広がりからすると小規模であるが、その開明性などの点において一般の東国武士とは異なった性格を有することは上横手も指摘するところであった。これは、伊豆北条氏の本格的な展開が、ちょうど新田氏や佐竹氏など源氏庶流に代表される「京武者系豪族的武士」（在地に広大な所領を有しながら、京都を活動の舞台とする武士（野口 二〇〇二b））の東国進出と軌を一にするかのように、在地における活動が院政期以降から開始されたことによるものと見るべきであろう。その存在形態については、最近、守田逸人が明らかにした、交通の要衝や流通拠点を掌握し、国衙行政に関与しながら一国規模で地域社会の担い手としての役割を果たしていたという、伊賀における伊勢平氏のあり方とオーバーラップするものが認められるように思う（守田 二〇〇五）。京都守護に任じた時政やその眼代として畿内で活動した時定は、どこに行っても国衙事務に対応できるだけの行政実務能力をもつ存在だったのである。松島周一は、義経が退京した後、京都に乗り込んだ時政にとって、義経時代の支配秩序を清算するために国衙在庁の掌握が不可欠であったことを指摘しているが（松島 二〇〇二）、これはすなわち、時政ないし時定が、頼朝の周辺において、畿内近国の国衙在庁の掌握を実現するのに最適任の人材だったことを示唆する事実といえるであろう。

なお、大森金五郎の見解は、牧氏に対する低い評価は別にして、時政の評価につながる問題はすべて取り上げられて適切な指摘が下されている。戦後歴史学において、いささか軽視されていたきらいのある戦前の歴史学の成果に、大いに学ぶべき点のあることを再認識させる一例である。とくに、畠山重忠追討や牧の方による陰謀事件に際して、時政が自らの失政を自覚し、義時への期待を抱いていたことを示唆している点は、さすがに鎌倉時代史研究の泰斗として、当該時代に対する深い認識に支えられた卓見だと思う。かつて私は、畠山重忠追討事件について、政子と義時は表面上は消極的に振る舞いつつも実はこれに参画していたものと推測したことがあるが（野口 二〇〇二a）、あるいは大森もそのように考えていたのかも知れない。

右の検討から、頼朝挙兵以前から時政の時代における北条氏について課題とすべきこととしては、①出自・系譜＝ステイタス、②国衙との関係やその近傍に位置する伊豆北条の空間の特性、③時政の妻の実家牧氏（大岡氏）の存在形態、④時政・時定の在京活動、⑤時政と大江広元ら京下り吏僚層協調の背景、⑥時政失脚の背景、などが浮かび上がってきた。本書の課題とすべきところである。以下の章で検討していくこととしよう。

第一章　伊豆北条氏の成立

1　北条氏の出自

平直方の子孫

伊豆北条氏の出自について手がかりとなるのは、『吾妻鏡』に「上野介平直方朝臣の五代の孫、北条四郎時政主は当国（伊豆）の豪傑なり」（治承四年四月二十七日条）と記されていることと、元弘三年（一三三三）四月一日「大塔宮護良親王令旨」に「伊豆国在庁時政子孫高時法師」とあることで、これらによって北条氏は平直方の子孫であり、十二世紀末には伊豆国の在庁をつとめる家であったということが分かる。『吉口伝《きつくでん》』の「元弘二年四三被相語条々」にも、伊豆国の在庁であった時政が、久寿元年（一一五四）十一月から保元三年（一一五八）十一月の間の頃、伊豆守だった吉田（藤原）経房と接触したことがあり、これが後に頼朝と経房を結びつける契機になったことが記されている（森 一九九〇）。『吾妻鏡』は曲筆の多い典籍史料であり、護良親王の令旨も後世の史料ではあるが、『吾妻鏡』の「豪傑」の評価は措くとしても、これらは他の史料からも傍証される事実であり、ことさら否定するには及ばないであろう。

第3節で詳しく紹介するように、北条氏の系図は中条家文書「桓武平氏諸流系図」など、鎌倉時代まで遡るものも含めて何点かのこされている。しかし、それらは『吾妻鏡』のいうように貞盛流平氏の直方を祖とする点では共通するが、直方と時政までの人名には異同が多い。平直方は平忠常の乱の追討使になったが、その使命を達することができず、替わって忠常の追討に成功した源頼信の嫡子頼義を婿に迎えて、鎌倉の屋敷を譲ったことで知られる軍事貴族である。

ところで、北条氏正統史観で編纂された『吾妻鏡』に時政の父の名さえ登場しないというのは実に不可解なことである。一方、京都守護に任じた時政が退京した後、その眼代（代官）をつとめた時定の卒伝を記す『吾妻鏡』建久四年（一一九三）二月二十五日条に、時定の父として「北条介時兼」が所見している。これらのことから、八幡義信は時政が北条氏の嫡流であることに疑問を呈し（八幡 一九六九）、杉橋隆夫は時兼―時定の系統こそが本来の北条氏嫡流であるという見解を提示する（杉橋 一九八七）。ちなみに、時定は時政が任官する前から、傔仗《けんじょう》→左兵衛尉→左衛門尉を歴任しており（野口 二〇〇五）、おそらく頼朝挙兵以前の段階から京都に出仕していた経歴が予想されるのである。

ちなみに、平直方の子孫については、中条家文書「桓武平氏諸流系図」に時政の曾祖父聖範《しょうはん》の兄弟として見える盛方が『水左記』承暦四年（一〇八〇）年閏八月十二日条に「左衛門尉」として所見し、彼がこの日記の記主である源俊房の「年来家人」で、この日、四十八歳で死去したことが知られ

坂東平氏（良文流）略系図

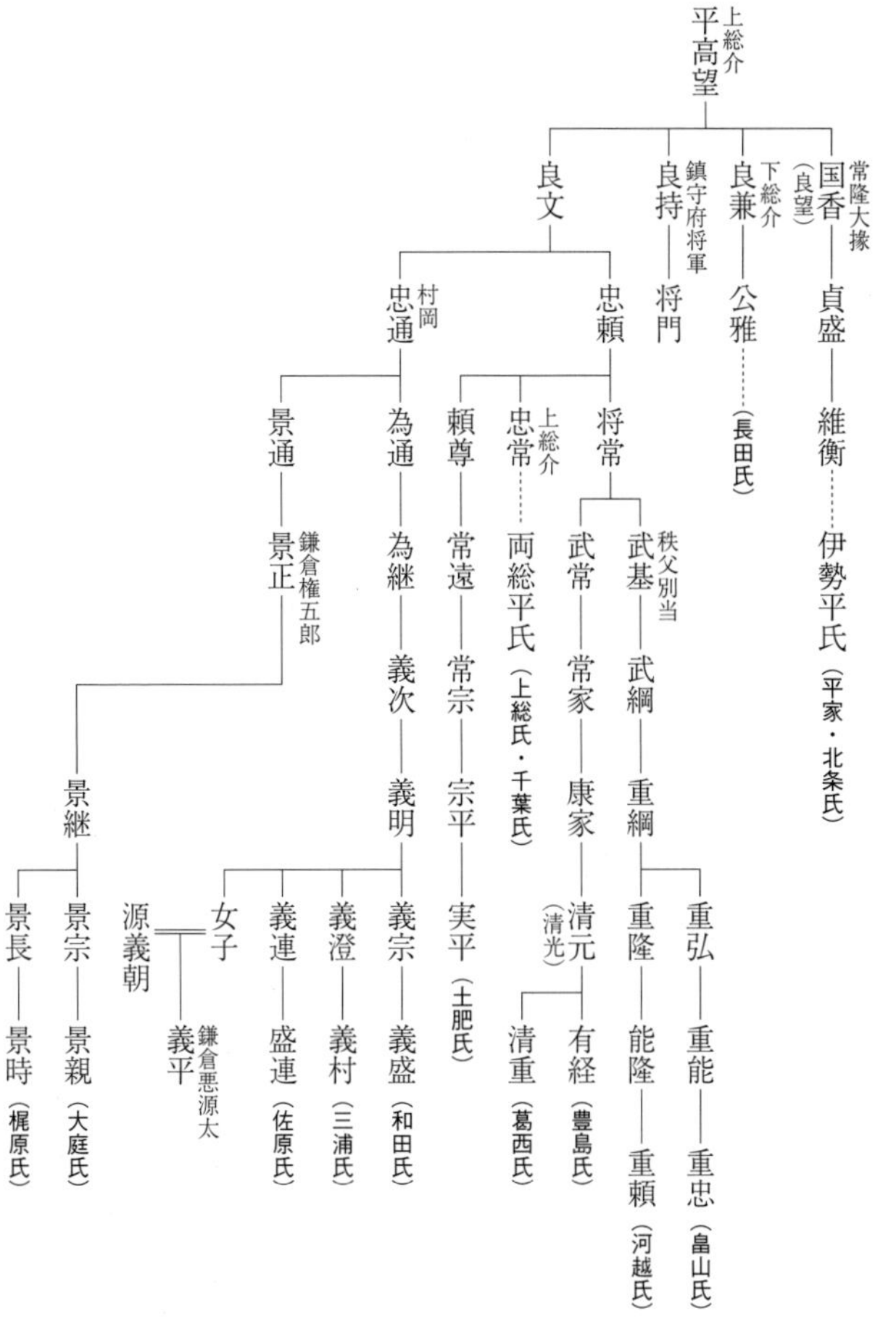
上総介
平高望
常陸大掾
国香
（良望）
貞盛
維衡
伊勢平氏
（平家・北条氏）
下総介
良兼
公雅
（長田氏）
鎮守府将軍
良持
将門
良文
忠頼
将常
秩父別当
武基
武綱
重綱
重弘
重能
重忠
（畠山氏）
重隆
能隆
重頼
（河越氏）
武常
常家
康家
清元
（清光）
有経
（豊島氏）
清重
（葛西氏）
上総介
忠常
両総平氏
（上総氏・千葉氏）
頼尊
常遠
常宗
宗平
実平
（土肥氏）
村岡
忠通
為通
為継
義次
義明
義宗
義盛
（和田氏）
義澄
義村
（三浦氏）
義連
盛連
（佐原氏）
女子
源義朝
鎌倉悪源太
義平
景通
鎌倉権五郎
景正
景継
景宗
景親
（大庭氏）
景長
景時
（梶原氏）

るように、都で活動した形跡はみとめられる。しかし、一部の系図に、聖範が「阿多美（熱海）」を称したとする以外に、東国との関係を示す史料は見当らない。このことからすると、北条氏の成立（伊豆留住ないしは土着）は十二世紀に入ってからのことである可能性も否めないのである。

いずれにしても、北条氏の系譜は平直方流とする一点だけでも東国武士団中きわめて珍しく、それは後述するような北条氏の存在形態の特異性に対応するものと考えられるのだが、では一体この系統がいつ如何にして伊豆の在庁となったのかが問題となる。

「京武者」平時家の婿入り

これに一つの回答を示したのが国文学者の佐々木紀一であった。佐々木は『源平闘諍録』一之上「自桓武天皇平家一胤事」に時政の祖父時家が伊勢平氏の出で「北条介」の婿になったとあることと、秋田県公文書館佐竹文庫蔵北酒出本『源氏系図』の大和源氏頼俊の孫にあたる僧信実《しんじつ》の注記に「母平時家女伊豆国住人」と見えることに着目。双方の記事が矛盾なく成立することを記録の記事から証明した上で、「時家は大凡そ十一世紀後半から十二世紀初の人物と見なし得る」こと、すなわち時家を時政の祖父とすることの妥当性を指摘したのである（佐々木一九九九）。

『源平闘諍録』によって時政に至る北条氏の系図を作成すると左のようになる。

維衡（常陸守）（介）—維度（越前守）—維盛（筑後守）—盛基（美濃守）—時家（北条介に嫁す）—時包（四郎大夫）—時政（北条四郎・遠江守）

時家を婿に迎えたのは「北条介」であるから、北条氏は十一世紀の後半くらいには伊豆の在庁官人をつとめる武家として成立していたことになる。そこに伊勢平氏系の時家が婿入りをしたという図式が成り立つ。

中条家文書「桓武平氏諸流系図」には、

直方―維方―聖範―時家―時兼―時政

と見え、時家の代から名の通字が「時」に変わっていることが分かるから、家の継承をみとめることは可能である。なお、中条家文書「桓武平氏諸流系図」・『尊卑分脈』ともに、時家は盛基の子としては掲げられていないが、盛時・貞時が見え、盛時の子にも正時・叙時《のぶとき》があって、この系統の多くが「時」を名の通字にしていることが明らかである（時包の「包」と時兼の「兼」は同訓の「かね」である）。

一方、『源平闘諍録』の述べる、直方から盛基に至る系譜については、「維度」が「正度《まさのり》」の誤りであることや、所帯の官職に若干の齟齬がみとめられるものの、中条家文書「桓武平氏諸流系図」や『尊卑分脈』の記載と概ね一致している。ちなみに、『除目大成抄』第五には、永久二年（一一一四）正月、盛基が駿河守への補任を希望して提出した申文が収録されており、その文面から、このとき彼が七十に及ぶ高齢であったことが知られる（野口 二〇〇三・二〇〇四）。

ところで、『源平闘諍録』は「北条介」の系譜や時家が婿入りをした経緯については一切触れていない。あるいは北条氏が平直方の子孫であるという所伝は、頼朝が源氏の東国支配の淵源を源頼義に求めて、その正当性をイデオロギー化したことに対応する意図、すなわち、頼義と頼朝、直方女と政子を等置することによって、北条氏と源氏との縁由を強調する（このことは、頼朝がその嫡子に、頼義と直方女の間に生まれた「義家」になぞらえて「頼家」と命名したことからも裏付けられる）という目的によって捏造された可能性も考慮されるべきなのかもしれないが（野口 一九九七）、ここではひとまず、北条時政の祖父と目される時家が京武者層の出身であった可能性が強いことを指摘しておきたい（北条氏が直方流の系譜を引く存在であったとしても、盛方の閲歴から見て、その在地化の時期はかなり遅い）。

佐々木紀一の指摘に基づいて右のように北条氏の系譜を理解すると、これまで説明のつかなかった北条氏（時政）に関する多くの疑問が一挙に氷解することになる。その疑問を整理すると以下の七点に集約されるであろう。

① 時政が池禅尼（平清盛の継母・頼盛の母）の姪にあたる中流貴族出身の「牧の方」を妻に迎え（杉橋 一九九四）、彼女の一族が頼朝や政子に仕えていた（『吾妻鏡』寿永元年十一月十日条など）のはなぜか。

② 時政が、流人ではあるが後白河院周辺およびその周辺の勢力と関係の深い頼朝を婿に迎え、平家打倒の挙兵に積極的に参画したことに示されるように、深く中央の政治情勢に通じていたのはなぜか。

③　文治元年（一一八五）、時政がいわゆる守護・地頭設置勅許を求める対朝廷交渉にあたり、その後、その腹心（時政の弟、あるいは甥か従弟）である時定が「眼代」として洛中警衛（義経の追捕と京・畿内近国の軍政）を担当した（上横手 一九七三）のはなぜか。

④　国家守護権を掌握し、上級貴族としてのステイタスを獲得した頼朝が、その地位に相応しい家格の家から妻を迎えることをせず、政子を正室として遇し続けたのはなぜか。

⑤　時政が鶴岡八幡宮寺の供僧に平家一門出身者を多数推挙したことなどからもうかがえるように（貫 一九九六）、都にあつい人脈を有していたのはなぜか。

⑥　時政・政子・義時が頼朝の死後、中原（大江）広元ら京下りの吏僚と連携し、有力御家人を圧して幕府政治を領導しうる立場を確立することが出来たのはなぜか。

⑦　北条得宗家の有力被官平・長崎氏が、平家一門である資盛の後胤ないし伊勢平氏関氏の子孫と伝えられているのはなぜか（森 一九九八）。

これらの疑問については、北条氏が右の仮説のように十二世紀前期まで受領に任官可能な「京武者」の家を出自とするのであれば、一般の東国武士より身分が高く、京都の権門に関係を持ち、多くの人脈を有する存在であったと見なされるから、大方解消することになるだろう。

さらに③に関連して、時定が大和や伊賀で義経追捕の任務にあたることになった理由についても、もともと北条氏が伊勢平氏の出身であり、また興福寺悪僧の首領として著名な信実と縁戚関係にあっ

北条氏と藤原・源・平氏との関係系図（兄姉弟妹順不同）

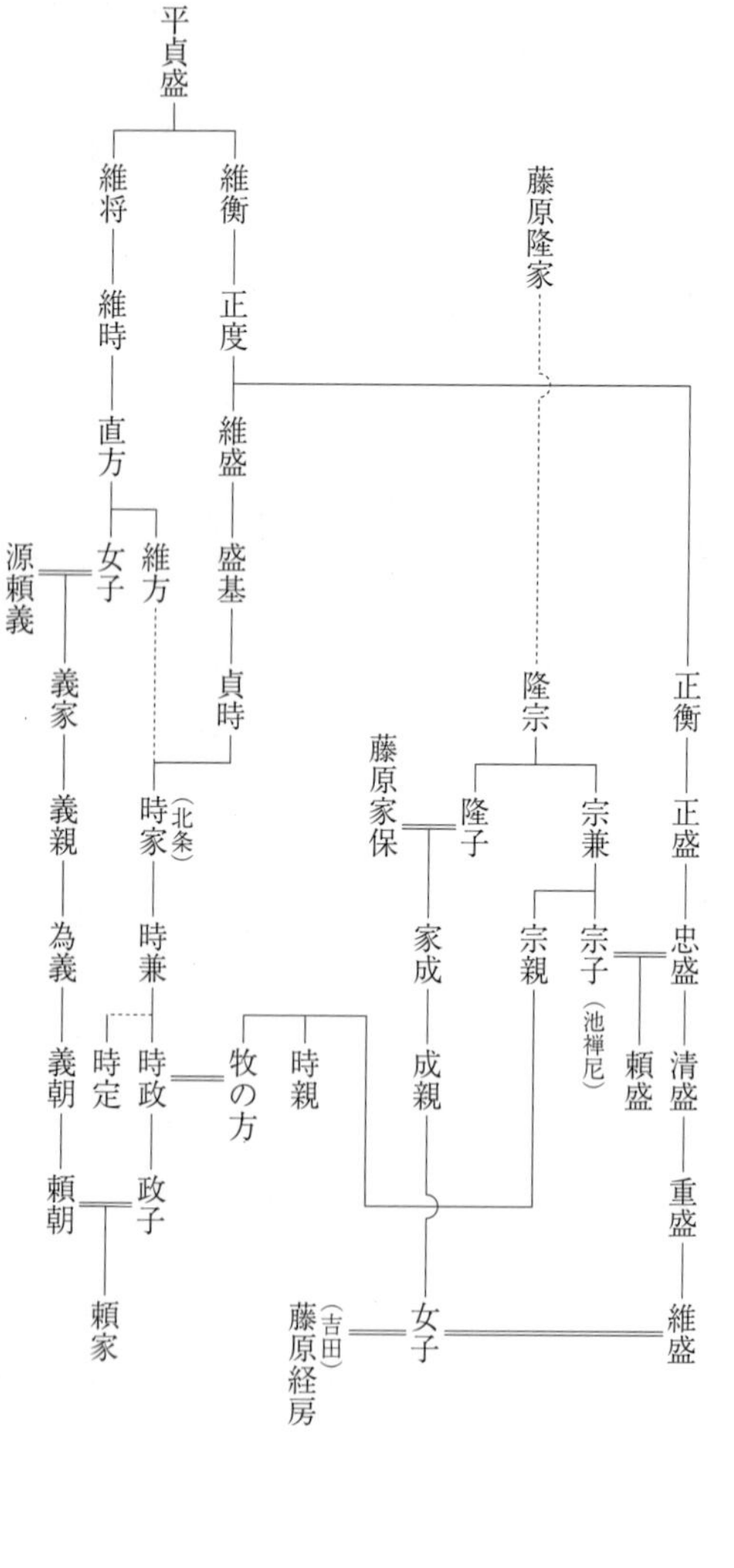

たことを踏まえれば容易に首肯できよう。また、⑦については、得宗被官の平盛時が六波羅探題の北条重時からきわめて丁寧な書札礼をもって遇されていたことを古澤直人が指摘しており（古澤 一九九一）、このことも、盛時が資盛の血統を引く可能性を高めている。

2　伊豆北条の空間

国衙の周辺に集う人々

前述のように、平将門の乱の鎮圧に活躍した平貞盛の曽孫にあたる直方に発するという北条氏の系譜は坂東の平氏系武士団（ほとんどが貞盛の叔父良文の子孫）の中では珍しいが、十二世紀の伊豆国における存在形態においても北条氏は特殊だったのであろうか。

伊豆の国衙近傍、田方郡とその周辺には、a国衙支配の現地担当者として都から赴任した武士のほか、b流人、c京都や畿内近国における政争で敗れるなどの理由で浪人となって東国に下り、在地の有力者のもとに寄宿ないし婿入りした下級貴族・武士などが数多居住していた（野口 一九八九）。このことは第二章でくわしく述べようと思うので、ここでは概略のみに触れておきたい。

まず、aとしては近藤七国平《くにひら》が挙げられる。彼は『延慶本平家物語』第二末の五によると、承安三年（一一七三）流罪に処せられた文覚《もんがく》を伊豆守源仲綱の命によって伊豆に護送する役目をつとめており、また『屋代本平家物語』巻第五には「在庁近藤四郎国高」と見えている。おそらく彼はもともと頼政・仲綱の家人であって、伊豆国衙に派遣されていたのであろう。こうした経歴が、のちに鎌倉殿

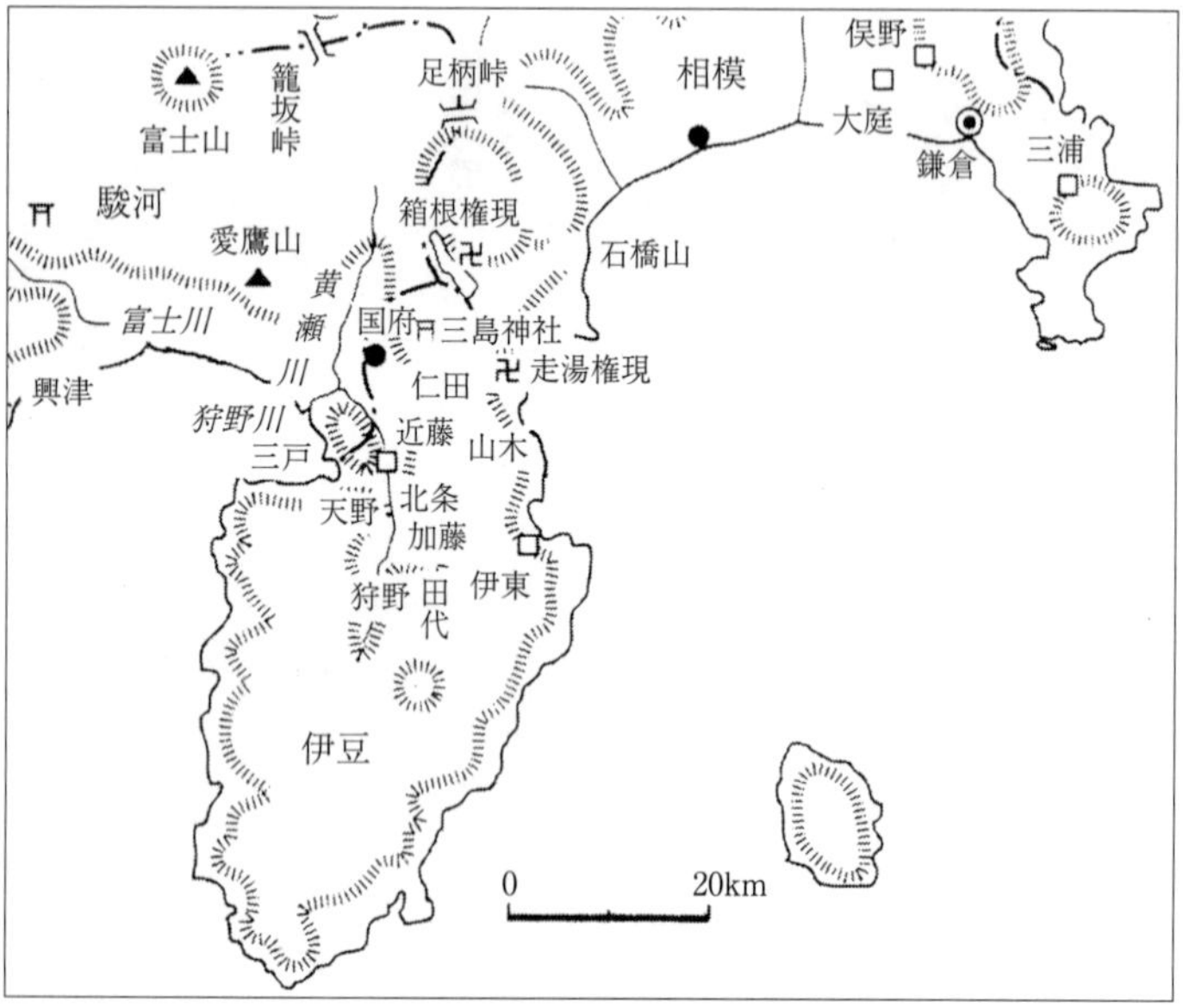

伊豆国衙周辺の諸勢力

（本多隆成・荒木敏夫・杉橋隆夫・山本義彦『静岡県の歴史』山川出版社，1998年掲載の地図をもとに作成）

御使《おんつかい》として畿内近国や西国で活躍し、讃岐守護に登用される前提となったことは容易に推察されるところである。

bとしては、頼朝、文覚、山木兼隆の名がすぐに挙げられるが、ほかに治承三年（一一七九）五月に流された筑前住吉社神官佐伯昌助がある。彼が流刑に処せられた理由は、対外貿易における平家との対立が想定され、頼朝は挙兵の直前、昌助に平家討滅の祈禱を委ねている。

cとしては、狩野庄の工藤氏（狩野氏）のもとにあった加藤氏を挙げることができる。『延慶本平家物語』（第二末の十）や『源平盛衰記』（巻二十）によると、伊勢国の住人だった加藤景員は、同国の武士で平家に仕える伊藤某を殺したことで、国内に住むことが出来なくなって東国に逃れ、武蔵の秩父氏や下総の千葉氏を頼ったが、彼らは平家への聞こえを怖れて受け入れることをしなかった。しかし、伊豆において、近隣の武士三戸次郎との抗争が絶えないために武芸にすぐれた者を必要としていた工藤介茂光の庇護を得ることとなり、その婿に収まったのだという。相模の渋谷氏のもとにあった佐々木氏も同様の存在であったが、彼らが頼朝の挙兵に積極的に参加し、幕府成立後有力御家人として発展していくことは注目に値するものがあろう。

興福寺の悪僧土佐房昌俊《とさのぼうしょうしゅん》は、興福寺衆徒内の騒擾がもとで「敵人こはくして」南都に住めなくなり、伊豆に下って頼朝のもとに祗候したと伝えられる。また、都でさる院の判官代《ほうがんだい》をつとめていた藤原邦通は、藤九郎盛長の推挙によって配所の頼朝のもとに候じ、「洛陽放遊客」として遇されていたというが、彼もまた、文筆・芸能をもって地方に活路を見出そうとした存在と見ることが出来る。

流人である頼朝のもとにさえ、これだけの余所者たちが集まっているのだから、たとえば伊豆目代に取り立てられた山木兼隆のもとなどには京・西国から多くの才人が下向していたことであろう。『吾妻鏡』に兼隆の後見として見える堤権守信遠もその一人であったと思われる。彼は『延慶本平家物語』第二末十では「和泉判官（兼隆）か一の郎等権守兼行」と見えており、おそらく兼隆に近い、伊勢平氏庶流を出自とする武士であろう。

なお、すでに石井進が指摘しているように（石井　一九七四）、狩野介茂光の娘と伊豆守為綱との間に生まれた信綱が狩野庄田代郷を伝領して田代氏を称したり、同じく茂光の孫娘が伊豆守仲綱《なかつな》の乳母子で伊豆目代となった左衛門尉仲成《なかなり》との間に一男一女をもうけるなど、当時の伊豆、わけても国衙の所在した田方郡には、一時的に下向した貴人と在地有力者の娘との間に生まれた者たちが多く生活していたようである。

同郡天野郷の天野遠景は頼朝の権力確立過程で行った粛清を一手に引き受けた「殺し屋」としての評価が一般であるが（瀬野 一九六〇）、一方、彼は頼朝挙兵以前から京官である内舎人《うどねり》を帯しており、やがて鎮西奉行に任じられたのは、それなりの文化的素養と行政官的能力を有していたからであろう。

このような伊豆国衙周辺における人的環境は、在庁「北条介」の家系が伊勢平氏の時家に継承された可能性の高さを傍証しているように思われる。

遺跡は語る

静岡県伊豆の国市韮山に広がる中世遺跡群の一つ、「円成寺《えんじょうじ》遺跡（史跡北条氏邸跡）」は中世の伊豆国田方郡北条に位置し、まさに時政の居館の置かれていたところにあたる。円成寺遺跡の呼称は、鎌倉幕府滅亡後、最後の得宗であった高時の母覚海円成尼が、後醍醐天皇からこの地を与えられて尼寺を建立したことによる。この遺跡については『月刊歴史手帖』第二三巻九号（小特集「伊豆韮山の中世を読む」）所載の藤原良章・原茂光・岡陽一郎らの論稿（一九九五）に詳しい。また、その後、この「史跡北条氏邸跡（円成寺跡）」を含む韮山の中世遺跡群における調査・研究の成果を集約した池谷初恵の著書にも新知見が加えられている（池谷 二〇一〇）。とりあえず、前者に掲載された諸論から、伊豆北条氏の評価に関係する指摘をまとめると以下のごとくである。

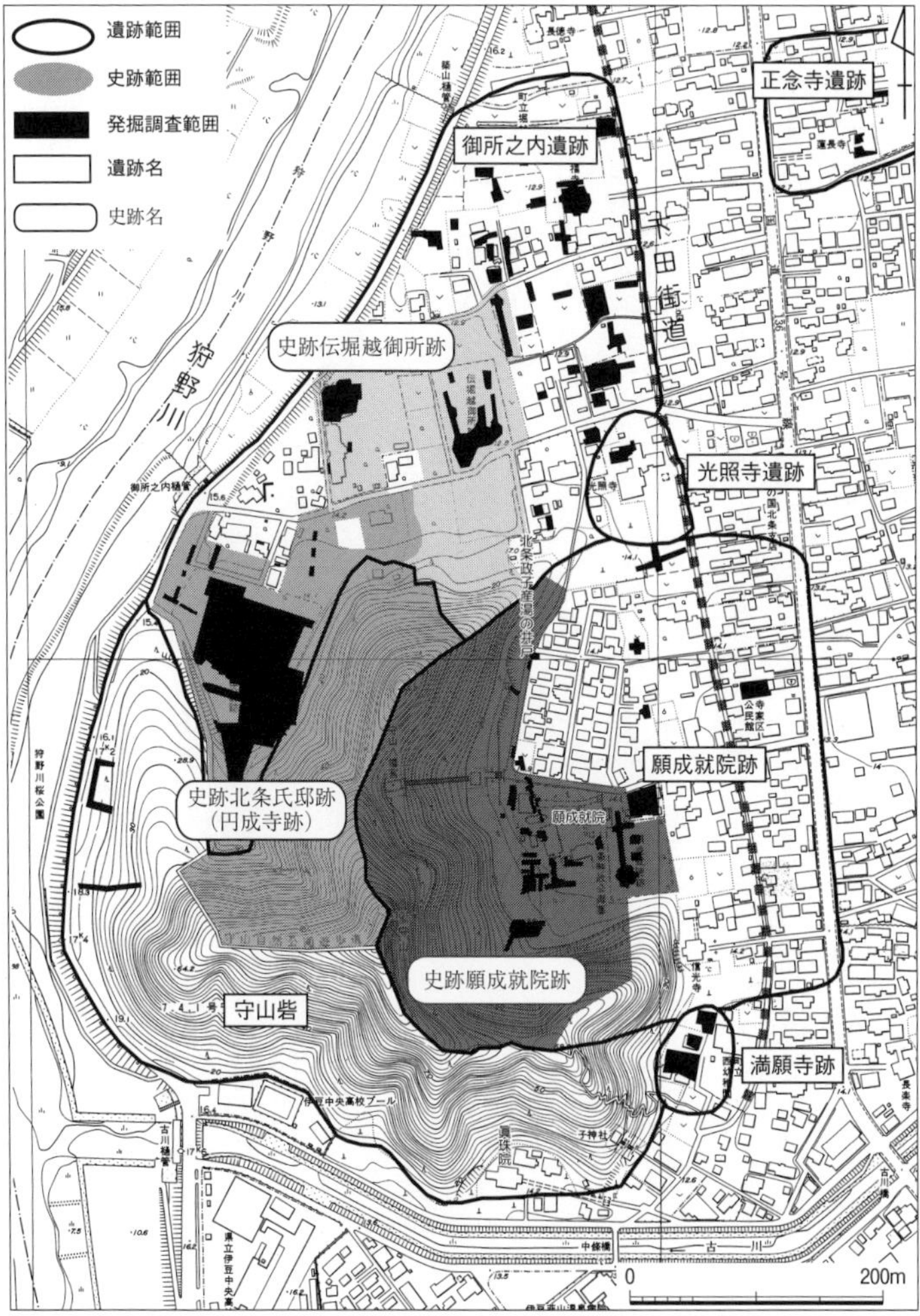

守山中世史跡群

（伊豆の国市2016「史跡北条氏邸跡〔円成寺跡〕発掘調査報告Ⅱ」より〔一部加筆・修正〕）（池谷初恵氏提供）

①　この遺跡からは、関東地方では他に類を見ない十二世紀代の手づくねの土器が多量に出土している。手づくねの土器は京都系の技術によるもので、酒宴に用いられる。このような出土状況は京都や平泉のような都市的な場で見られるもので、これまで関東武士の居館跡では未確認である。

②　十二世紀第三四半期にまで遡る渥美などの陶器類が出土する。これは北条氏が伊豆の在庁官人として、水運を前提に狩野川に面した位置に居館を構えていたことに対応し、北条の地は水運によって渥美などの生産地と直結していたと捉えられる。

③　白磁四耳壺・青磁同安窯系碗などの十二世紀代の船載陶磁器が出土しており、北条氏が鎌倉に入る以前からこのような船載品を所有できる力を有していたことを想定することが可能である。

④　十二世紀代の遺構・遺物の出土状況は、総じて平泉に共通する点が多い。

⑤　この遺跡は、山を背負い水辺に近接するという中世前期の戦闘形態に対処した要害の地に位置するが、同時に、西を流れる狩野川、東を南北に走る下田街道という伊豆国における水陸の幹線ルートを押さえる交通・流通の要衝に立地している。

考古学的調査の成果を踏まえて、藤原良章は「北条氏を一地方武士としてのみ捉えるのはやはり相当な過小評価ということになるであろう」と述べ（藤原　一九九五）、岡陽一郎は「鎌倉時代の北条氏についてしばしば指摘される、交通・物流に対する志向は既に韮山の地でもみられる」ことを指摘している（岡　一九九五）。

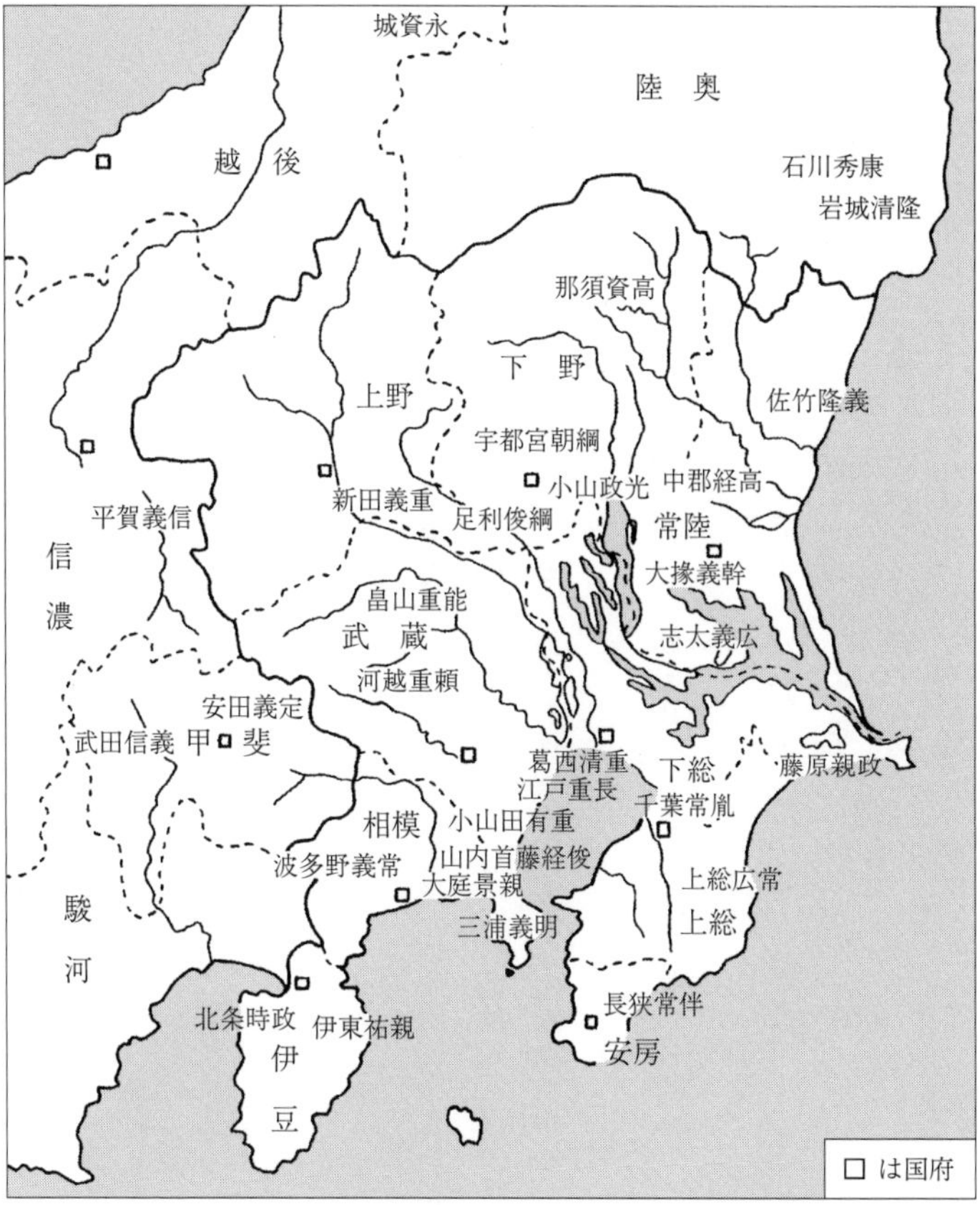

平家政権下の東国武士団

（鈴木哲雄『中世関東の内海世界』岩田書院，2005年，付図をベースに在地勢力の情報を加えて作成）

近年、武士は草深い地方の農村を基盤としたというイメージが払拭され、その流通・交通に存在を規定される都市的な側面が明らかにされつつあるが、北条氏はまさにその典型的な存在といえるように思われる。その場合、在地における所領の広さや公権力に敵対する際に動員された軍事力（兵員などの数）は北条氏の勢力を計る上で決定的な尺度とはなりえないであろう。

常陸の佐竹氏や下野の宇都宮氏、あるいは武蔵の品川氏など、十二世紀に東国に進出した京武者系の武士は、軍事的にも重要な交通・流通の要地に進出している。北条氏もまさにそのような存在であった。

頼朝挙兵以前の北条氏像

十二世紀、東国各地に盤踞した豪族的武士は、地域の経済と情報ネットワークを押さえるのに好都合な交通・流通の要地、とりわけ内陸にアクセス可能な大河川の河口近く、ないしは幹線道路と河川の交差する地点を押さえて、そこに本拠を定めている（野口 二〇〇二）。

北条氏の拠った伊豆北条は狩野川河口から伊豆国府に遡り、さらに内陸に入った地点に位置するが、山がちな伊豆においては最も農業生産力の高い平野部で、南伊豆や東伊豆に至る陸上ルートの交錯するまさに伊豆一国を押さえる上では絶好の地点に位置していた。しかも、その周辺には、北条氏と同様に、京都ないし畿内近国と深い関係にあるさまざまな人たちが集まり、情報の集積という点においてもまさしく「都市的な空間」を構成していたのである。

鎌倉幕府は荘園領主や知行国主・国守―目代の支配に反発した東国武士団が、その棟梁として源頼朝を擁立し、彼らの階級的利益を守る機関として樹立されたと考えられている。こうした通説的な理解に基本的な誤りはないであろう。しかし、次章で述べるように、挙兵段階において頼朝を囲繞《いにょう》した人たちを仔細に検討していくと、頼朝の政治を直接動かし、手足となって働いたのは、彼の乳母（比企尼・山内尼ら）の関係者や京都下りの吏僚であったり、平治の乱ののちに浪人となって東国に下向した佐々木父子・加藤兄弟や昌俊のような畿内近国の武士・悪僧たちであったことが分かる。彼らに共通する特性は、列島規模の人的ネットワーク、言い換えると広い情報網をもつということにあった。北条氏もまさにそのような存在であった。

そしてまた、北条氏が頼朝亡き後の幕府を主導する権力を確立し得たのは、単に頼朝の外戚であったということだけではなく、北条氏の系譜的なステイタスや幕府成立以前からの在地における存在形態に起因していたと見ることができるのではないだろうか。

平家追討戦の過程で伊予の有力武士河野通信《こうのみちのぶ》は、率先して頼朝に協力する態度を示し、その後も、河野氏は西国を本拠とする武士でありながら鎌倉に祗候《しこう》することが多く、時政は娘の一人を通信に配している。時政が四国地方の武士に対して大きな政治的影響力を有していたことも指摘されているが（上杉　一九九九）、時政と河野氏がこうした密接な関係を結ぶに至った経緯は、幕府成立後、時政の権勢が高まった結果として説明されがちであるが（石野　一九八九）、じつは上記のような、その特殊な存在形態に求められるのではないだろうか。次節ではその北条氏の系譜について、さらに詳しく検討してみたい。

3　北条氏の系図を読む

中世成立の系図から

従来、北条氏の系譜を語る際に用いられてきたのは、中世後期までに成立した『尊卑分脈』は別格として、『続群書類従』・『系図纂要』に収められた近世成立の系図類で、これらの記載内容の相異については、奥富敬之が詳しく検討を加えている（奥富 一九八〇）。

しかし、近年に至り、成立が中世に遡る時政以前の北条氏の世系を記した系図・史料が続々と紹介・翻刻されている。中条家文書「桓武平氏諸流系図」・『源平闘諍録』をはじめ、野津本「北条系図、大友系図」・野辺文書「北条氏系図」・『延慶本平家物語』・入来院家所蔵「平氏系図」・妙本寺文書「平家系図」などである。したがって、あらためてこれらの系図の記載を検討してみる必要があるだろう。そこに見える伊豆北条氏の世系を示すと以下のごとくである。

a．中条家文書「桓武平氏諸流系図」（維時の世代までの傍系は省略）

国香（常陸大掾　本名良望　為将門被害）―貞盛―維将（使　肥前守　或者実繁盛子）―維時（使）―直方（上野守　使大夫殿〔尉〕　出家）―維方（上総介）

維方┬盛方（使　右衛門尉）―俊範（玄蕃助大夫）―実俊
　　└聖範（号阿多義〔美〕禅師　或直方子）―時家（号北条四郎）┬時綱（号北条三郎）
　　　　　　　　　　　　　　　　　　　　　　　　　　　　　　└時兼（号北条四郎大夫）―時政（引或本　従五位下遠江守　元久二閏七廿出家　建保三正六卒）

或聖範―時直―時宗（定）

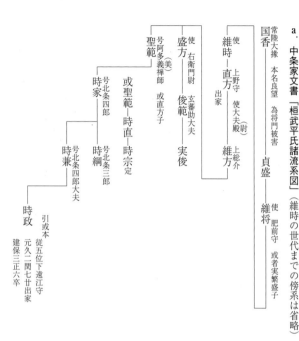

b. 入来院家所蔵平氏系図（維時の世代までの傍系は省略）

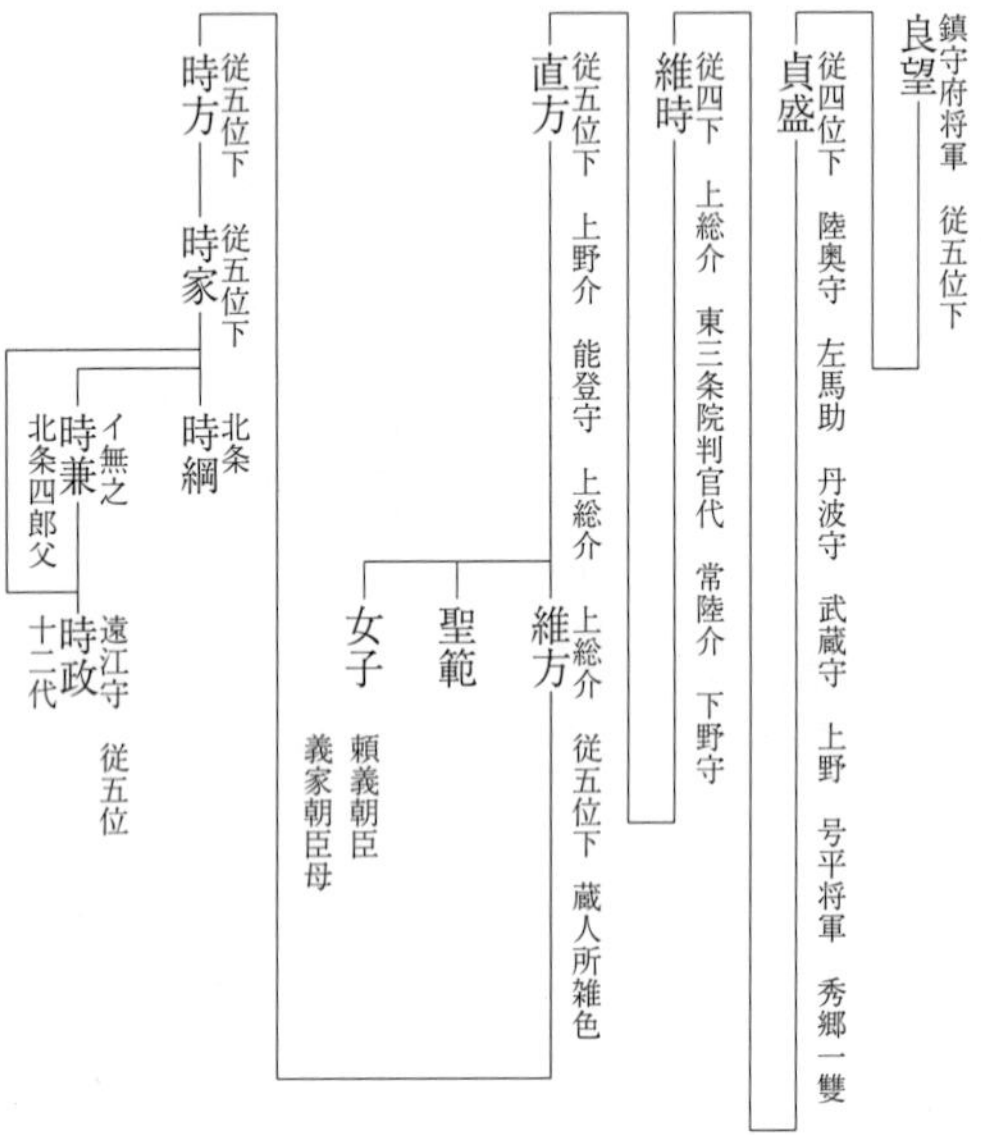

c．野辺文書「北条氏系図」（尻付一部省略　維方の世代までの傍系は省略）

国香（常陸大掾）──貞盛（鎮守府将軍　四位陸奥守　数国守也、天元二年卒）

- 維将（肥前守　使　或云、実繁盛子繁盛者貞盛弟也、）
  - 維時（四位上総介　使）──直方（上野守（介）　使　出家）──維方（上総介　使　大夫尉）
    - 盛方（使　左兵衛尉）──俊範──実俊
    - 僧聖範（号阿多美禅師　或本直方子維方弟也、）──時家（号北条四郎）
      - 時総（号北条三郎（時綱カ））
      - 時兼（号北条四郎大夫）
        - 時政（従五位下遠江守　元久二同（閏）七廿出家　建保三正六卒）
    - 或平時範──時直（和田四郎）──時家

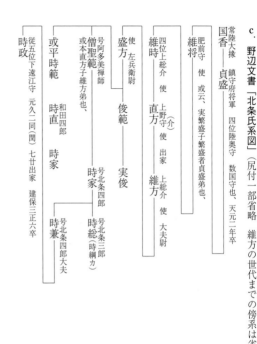

d. 野津本『北条系図、大友系図』（貞盛の世代までの傍系は省略）

国香　鎮守府将軍　常陸大掾　本名良望　為相馬小次郎将門被害

貞盛　天慶三年庚子二月日於下総国誅将門斬後首送秀郷所二月廿九日依件賞叙行五位上　陸奥守鎮守府将軍家常陸平太号将軍四位下右馬助常陸守（介）　誅将門　天元二年己卯十一月卒六十

維将

維時　使　上総介

直方　上総介

女子　源頼義室

雲範　号阿多美四郎禅師

時直　和田四郎

時家　伊豆大介　北条四郎　伊豆国住人

時方　北条四郎大夫

時政　北条四郎　従五下　遠江守　母伊豆掾伴為房女

e．妙本寺本「平家系図」（直方の世代までの傍系は省略）

良望（鎮守府、後改国香、）——貞盛（常陸大掾）——維将——維時（東三条院判官代　上総介、従四位上）——直方

直方——維方（上総介）——盛方（左衛門尉）——時家——時兼——時政（北条四郎）

直方——時家——時方——時政

直方——聖筑（聖範カ）

f. 正宗寺本「先代一流」（尻付一部省略　良望の世代までの傍系は省略）

- 良望（陸奥大掾）— 貞盛 — 維将 — 維時 — 直方
  - 女子（頼義室義家母也）
  - 維方 — 盛方（大夫判官）
    - 時家 — 時方 — 時正（北条四郎）
    - 直家（熊谷大夫）— 直実（同小二郎）
  - 聖範（阿多（美）義禅師）— 時方（輪田四郎）
    - 時兼（原木四郎大夫）— 時家 — 時政（北条四郎）
    - 時綱（南条）
    - 時実（曽我）

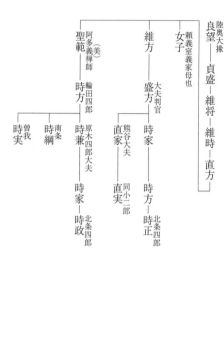

g．正宗寺本『北条系図』（尻付一部省略　維時の世代までの傍系は省略）

国香（常陸大掾）―貞盛（上総介　鎮守府将軍）―維将（左衛門　使）―維時（使）―直方

―維方（上総介）―盛方（左右衛門（ママ）　流人）―時家（北条四郎大夫）―時方（四郎）―時政（北条四郎　遠江守　建永元七廿出家）

h．山門文書『山門氏系図』（維時の世代までの傍系は省略　＊は野口注）

良望（鎮守府将軍）―貞盛（同陸奥守）―維時（上総介　相模守（＊維将）子也、貞盛為子維衡弟也、）

―直方（従五下　上野介）
　├維方（従五下　上総介）―俊則―時家
　├貞祐（上野介）
　└女（鎮守府将軍頼（義）（ママ）家朝臣上　義家朝臣母）

―時方―時政（北条四郎　関東執権始　従五上　遠江守）

i．平姓指宿氏系図（二本あるが、世系は同一なので一本のみ掲出。維時の世代までの傍系は省略）

国香（本名良望　常陸大掾）―貞盛（天元二五卒、年六十九　字常陸平太　陸奥守　従四位下）―維将（実繁盛子　前肥前守）―維時（士之使（ママ）　従四位上　前上総介　相模殿先祖）―直方

―維方―時方―時兼（北条介）―時家（号北条四郎大夫　伊豆大助（介））―時政（北条四郎　後遠江守）

j．『延慶本平家物語』（維時の世代までの傍系は省略）

良望（鎮守府将軍）―貞盛（内将軍（ママ））―維時（上総介　従四下）―直方（従五上　使）

―維方（従五上）―時方（和田四郎）―時家（号北条四郎大夫）―時政（北条四郎　遠江守）

k.『尊卑分脈』（直方の世代までの傍系は省略）

- 国香　常陸大掾　鎮守府将軍　本名良望　為将門被害
  - 貞盛　鎮守府将軍　陸奥守従四下　左馬助　号平将軍
    - 維将　使　大夫尉　常陸介　従五上　筑前肥後守　天元四四卒
      - 維時　使　上総介　肥前守　従四下　貞盛朝臣為子
        - 直方　使　大夫尉　上総介　従五上
          - 維方　使　上総介　従五上
            - 盛方　左衛門尉
          - 聖範　阿多見四郎禅師
            - 時直　或本無シ
              - 時家　従五下　伊豆介　北条四郎大夫　聖範子云々
                - 時綱　北条三郎
                - 時方　従五下
                  - 時政　号北条四郎　遠江守従五下　元久二閏七廿出家　明盛　建保三正六卒　七十八才
          - 女子　源頼義朝臣室

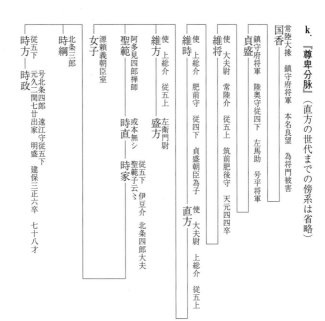

まず、これらの系図（北条氏関係部分）が所収ないしは紹介されている論文・史料紹介・資（史）料集を示しておく。

a　白根靖大「中条家文書所収「桓武平氏諸流系図」の基礎的考察」（入間田宣夫編『東北中世史の研究　下巻』高志書院、二〇〇五年）。
b　山口隼正「入来院家所蔵平氏系図について（上）（下）」（『長崎大学教育学部社会科学論叢』第六〇号・第六一号、二〇〇二年）。
c　『宮崎県史　史料編　中世Ⅰ』（一九九〇年）。
d　田中稔「史料紹介　野津本『北条系図、大友系図』」（『国立歴史民俗博物館研究報告』第五集、一九八五年）。
e　『千葉県の歴史　資料編　中世3（県内文書）』（二〇〇一年）。
f　立花美香「伊豆北条氏の存在形態について――時政を中心に」（京都女子大学宗教・文化研究所ゼミナール『紫苑』第四号、二〇〇六年）。
g　同右。
h　『鹿児島県史料　旧記雑録拾遺　家わけ六』（一九九六年）。
i　『鹿児島県史料　旧記雑録拾遺　家わけ十』（二〇〇五年）。
j　横井孝「延慶本平家物語附載系図について」（『季刊ぐんしょ』再刊第八号、一九九〇年）。

k　『新訂増補国史大系』（吉川弘文館、一九五八年）。

「腹心」「眼代」の時定は弟

a～kを一覧して先ず明らかなのは、時家から時政までの三代がほぼ一致するということで、時家以前の不一致は佐々木紀一の指摘した時家の伊勢平氏からの婿入り説（佐々木 一九九九）の傍証となろう。dの「伊豆国住人」、d・iの「伊豆大介（助）」という時家に関する尻付（注記）にも注目したい。また、時政の父として所見する時兼・時方が同じ系図に重複してあらわれないことから、両者は同一と考えられる。とするならば、時政の父は時兼と見てよく、これと、北条介時兼を時定の父とする『吾妻鏡』建久四年二月二十五日条の記事を総合すると、平六時定は時政の弟ということになる。

次に注目されるのは、dの時直、f・jの時方に「和（輪）田四郎」、fの時兼に「原木四郎大夫」、時綱に「南条」、時実に「曽我」の注記が見られることである。このうちfの系図は熊谷氏を組み込む作為がほどこされていることから、信憑性に疑問がもたれるが、時政以前における北条氏庶流の存在とその領主的規模を推測する材料にはなるであろう。

時家以前の世系については、諸系図間に直方の子の世代から多少の不一致が見られるが、直方系との断絶を物語るほどのものはないと思われる。北条氏が源頼義を婿に迎え、義家の外祖父となった直方の直系であることを武家としての正当性・正統性の根拠にしていたことは、すでに複数の旧稿で指摘したところだが（野口 一九九七など）、北条氏が広く鎌倉御家人から直方系と認識されていたことは、

ⅰの維時（直方の父）に「相模殿先祖」と注記されていることからも傍証されるであろう。ちなみに、鎌倉時代に成立したことが明らかな『神代本千葉系図』（鍋島文庫本『千葉系図　全』）は、維時の実父とされる維将に「鎌倉御一門先祖」、その従兄弟の維衡に「平家先祖」の尻付を付し、両者を並べてレイアウトしている。

最後に、あらためて時政の「腹心」「眼代」として在京活動を行った時定の系譜的位置について確認しておきたい。『吾妻鏡』建久四年二月二十五日条に時定が「北条介時兼男」とあり、右にあげた北条氏古系図において、時家―時兼（時方）―時政の世系が共通することから、彼が時政の弟であった可能性が高いことは明らかである。彼らの関係は、嫡庶という観点からよりも、在地支配と在京活動という分業関係において評価されるべきものであろう。

第二章　流人頼朝を囲繞した人たち

1　伊豆に流された頼朝

ここまでの叙述では、いきなり時政や北条氏に焦点を絞ってしまい、読者には背後の状況が見えづらくなっていたのではないだろうか。そこで、本章ではこれまでに述べてきたことの補足を含めながら、時政が世に出る契機となった源頼朝の挙兵と流人時代の頼朝の周辺で活動し、挙兵の実行主体となった人々について検討を加えてみたい。「歴史」に対する北条時政の貢献はすべてが頼朝の挙兵に参画したことから始まる。

流刑のコース

永暦元年（一一六〇）三月、平治の乱に連座した罪で死一等を減じられた頼朝は伊豆に配流となる。追使（領送使）は検非違使の支忠（友忠《ともただ》？）であった（『清獬眼抄』）。伊豆への下向には頼朝を捕縛した平宗清（尾張守平頼盛の郎等）と源五守康《もりやす》（もと頼朝の父義朝の郎等）が近江まで供をしたことが『平治物語』に見える。しかし、『吾妻鏡』によれば、このとき代々源氏に仕えた武士たちに頼朝に従う者はなく、わずかに因幡国の高庭資経が親族の藤七資家をさしそえ、頼朝の母方の叔父祐範《ゆうはん》が郎従一人をつけてくれるに過ぎなかったという。

当時、京都から伊豆に下るには、陸路で伊勢に下り、阿濃津（三重県津市）から乗船するコースと、鳥羽（京都市）から船で淀川を下り、渡辺から紀伊水道・熊野灘を経て向かうコースがあったが、頼朝の場合は前者の経路をとったらしい。

頼朝はどこにいたのか

伊豆に到着した頼朝は領送使から当国の在庁官人の手に引き渡されることになる。この頃、伊豆の在庁官人として知られるのは、狩野・伊東などの工藤氏一族と北条氏で、『平治物語』（下）によると、頼朝の配所は「蛭島」で、監視は伊東・北条氏に命じられたという。『曾我物語』などによると、頼朝は当初は伊東祐親のもとにあったが、祐親の在京中に頼朝がその三女と通じて男子を成したことから、伊東を追われることとなり、北条氏のもとに置かれることになった。そして、千鶴《せんつる》と名付けられた子は殺され、祐親の三女は江間次郎という者に嫁がされたという。

一方、平治の乱後、東国を指《さ》して逃亡中の頼朝を捕縛したのは当時尾張守であった平頼盛の郎等で同国の目代をつとめていた平宗清であり、頼盛は清盛と平家の嫡流を競う立場にあったことから、院の近臣に広い人脈をもつ母の池禅尼（藤原宗子）とともにその助命をはかって、清盛と対立した時の政治的なカードとして身柄を監視下に置いたという見解が杉橋隆夫によって示されている（杉橋 一九九四）。その所説に従うのならば、『曾我物語』の話は創作で、はじめから北条氏のもとに置かれたこ

源氏と熱田大宮司家系図

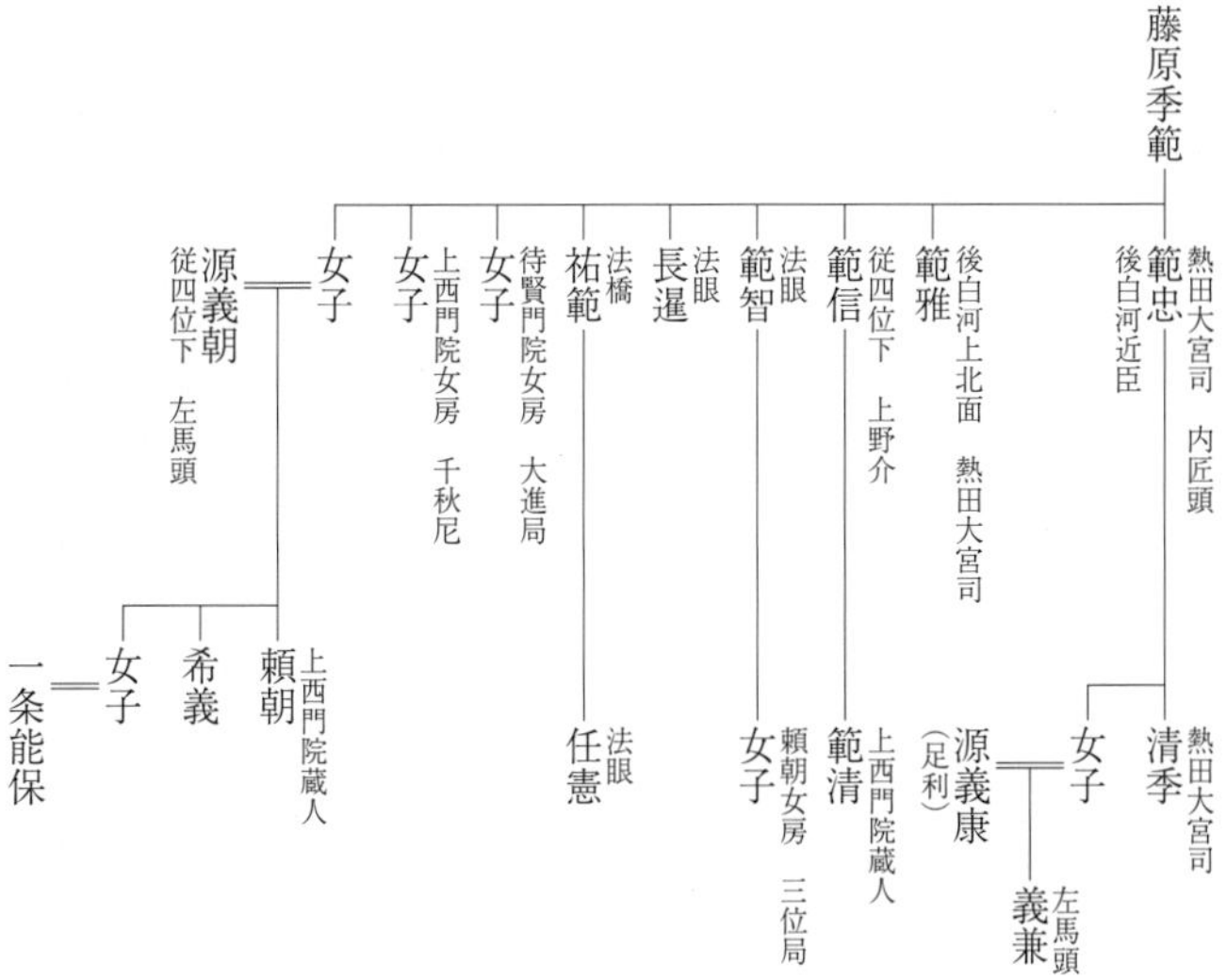

とになろう。たしかに、頼朝の配所として知られる「蛭島」は伊豆半島東海岸の伊東とはほど遠い一方、延慶本『平家物語』(第二末の七)に「北条蛭か島」とあるように時政の館とは至近であるし、三女が嫁せられたという江馬次郎も実在が不明で、むしろ「江馬」は頼朝挙兵前後の頃、北条時政の子義時が名字とした、北条氏の居館のすぐに西側を北流する狩野川対岸の地名であって、すでに北条氏領の中核を占めていたところと思われるからである。

配所の生活

配所における頼朝の生活については、上記の伊東祐親三女や北条における政子との恋愛、あるいは近隣の武士たちとの狩猟を通しての交流などが物語類によってよく知られているが、平治の乱で敗死した源家の嫡子としての頼朝の最大のつとめは毎日欠かさず仏心事の勤行を行うことであった。彼

源頼朝像（甲斐善光寺蔵）

北条政子
（『星月夜鎌倉顕晦録』1809年）

はそうした中で伊豆山走湯権現の住僧専光坊良暹《りょうせん》と師檀の関係を結び、箱根山の別当行実《ぎょうじつ》を祈禱の師としたのである。

『吉見系図』（頼朝の弟範頼の子孫の系図）のように、流謫中の頼朝が経済的に困窮したことを伝える史料もあるが、母方の熱田大宮司家や京都で頼朝の養育にあたった乳母とその一族、あるいは平治の乱で所領を失い、伊豆や相模の豪族のもとに寄宿している武士や京下りの下級貴族などが物心両面にわたって頼朝を支えたのである。とくに伊豆は遠流《おんる》の国として政治犯が多く流されてきたから、反体制的な立場からの情勢を得るには最適の地であった。よく知られた存在に文覚がいる。頼朝に父義朝の髑髏を見せて平家打倒の挙兵を促したという『平家物語』の話は有名である（彼が後白河院の素意を伝え、頼朝に挙兵を促す契機を与えたことは事実であろうが、この逸話そのものは、後に文覚の弟子が義朝の首級を鎌倉に届けた事実を元にして作られたフィクション）。仁安二年（一一六七）に伊豆に流された興福寺別当・一条院院主だった恵信《えしん》（関白藤原忠通の子息）などは頼朝やその周辺の人々に何らかの影響を与えたはずである。保元の乱の直前、摂関家が二つに分裂し争っていた時、その氏寺である興福寺において恵信の対抗勢力の側にいたのが、北条時政の従兄弟にあたる信実《しんじつ》であったことも興味深いものがある（坂井 一九九三）。

以下、これらの人々を頼朝との関係やその存在形態によって分類し、彼らの果たした役割について述べていきたい（野口 一九八九）。

2　流人頼朝を支えた乳母とその関係者

比企尼

頼朝の母方の熱田大宮司家の一門は上西門院（後白河院の姉・統子《むねこ》内親王）と密接な関係をもち、伯父にあたる範忠《のりただ》は後白河院の近臣であった。その弟の僧祐範《ゆうはん》が配流に際して郎従一人をつけて伊豆まで送ったことは先述したが、彼はその後も頼朝への援助を怠らず、毎月使者を配所に遣わし続けたという。

頼朝には複数の乳母《めのと》の存在が知られるが、その中で先ず第一に挙げられるのは比企尼である。彼女は平治の乱で頼朝が伊豆に流されると、その扶持のため武蔵国比企郡を請所とした夫の掃部允《かもんのじょう》とともに下向し、頼朝のもとに粮を運送しただけでなく、女婿に迎えた藤原盛長・河越重頼・伊東祐清の三人に命じて扶助させるという徹底ぶりであった（第六章第2節の系図参照）。彼女は都で宦仕した経験があったようで、夫の在世中は比企局と呼ばれ、夫を失ったのちに落飾して比企尼と呼ばれたのである。ちなみに夫の掃部允の実名が「藤原宗兼」であったことが、近年佐々木紀一氏によって明らかにされている（佐々木 二〇〇八）。比企尼には男子がなかったので、彼女の甥の能員が比企氏の後を継ぎ、やがて、その娘が頼家の妻となって一幡《いちまん》を産み、北条氏から源家外戚の立場を奪いかねない存在となることは周知のことであろう。

ちなみに比企尼の三人の娘婿のうち、最も頼朝に奉仕したのは「藤《とう》九郎」と呼ばれた盛長である。彼は幕府成立後には安達を苗字とする有力御家人として活躍するが、当時は所領ももたず、流謫中の頼朝のもとにあった。しかし、比企尼の長女で京都の権門に出仕して「丹後局」という女房名をもった女性を妻にしていることから、それなりの身分を有する存在であったらしく、後白河院の近臣である藤原光能や熱田大宮司家の関係者である可能性も指摘されており（福島 二〇〇六）、京都と関係の深い人物であったことは間違いない。比企尼の二女の婿となった伊東祐清も、父の祐親が頼朝を殺害しようとした際に助命に奔走したことが伝えられており、また三女の夫河越重頼も頼朝の挙兵時には平家方に立って敵対しているものの、その息女が、平泉から参向して頼朝の後継者に擬せられた義経に嫁していることなどから、配流中の頼朝に一定の援助を行ったことは否定できないと思われる。

三善康信の姨母

康信は永暦元年（一一六〇）に右少史に任じ、応保二年（一一六二）には二条天皇の中宮に立てられた中宮育子の中宮職補任の際、大夫《だいぶ》（長官）藤原兼実のもとで少属《さかん》（四等官）に兼補され、同年秋の除目《じもく》で叙爵されて「史大夫《しのたいふ》」（従五位下の位階を得て史を退任）になっていた。彼は鎌倉幕府最初の問注所執事として有名だが、このようにすでに京都において長く太政官の弁官局に仕えて官の問注に携わるという経歴を有していたのである（五味 一九八四）。康信は頼朝の乳母の一人が彼の母の姉であったという関係から、毎月三度京都から伊豆に使者を遣わして、頼朝に洛中の情報を伝えたという。とくに治承四年（一一八〇）、高倉宮以仁王が挙兵したのち、平家が諸国の源氏を追討する方針を示した際には、弟の康清を差し進めて急を告げている。

この三善康信のように、頼朝の周辺には武士ではなく、吏僚として優秀な京都の下級貴族たちが多く存在した。その筆頭ともいえるのが斎院《さいいんの》次官《すけ》や掃部頭《かもんのかみ》を歴任した中原親能《ちかよし》で、彼は右大臣藤原兼実と親しい関係にあった権中納言源雅頼に仕えていたことから、頼朝と兼実の連絡役を果たし、また京都で宮廷事務官として活躍していた弟の広元を頼朝に推挙している。初代政所別当の大江広元（晩年「中原」から「大江」に改姓）である。親能は幼児の頃、相模国の武士波多野氏のもとで養育され、その一族である大友経家の娘を妻としており、この女性は源雅頼の子兼忠の乳母をつとめていたという。

大江広元・三善康信と並んで、草創期鎌倉幕府の吏僚として名の知られる藤原行政もこうした人脈に連なる存在で、すでに主計少允《かずえのしょうじょう》（三等官）の官歴をもちながら政権樹立直後の頼朝のもとに赴き、その子孫は代々政所の執事をつとめた。ちなみに、行政が二階堂の名字で呼ばれるのは、奥州合戦の後、鎌倉に中尊寺の二階大堂等を模して建立された永福寺の近くに居亭を構えていたからである。彼の母は頼朝の外祖父藤原季範《すえのり》の妹であった。

武家出身の乳母たち

上級武士の乳母には専一の郎等の妻や娘が選ばれることが多かった。

頼朝の場合も、父義朝が鎌倉を本拠として坂東で活動していた頃、三浦氏とともにその武力を構成していた中村氏や、義朝が下野守に任じた頃から深い関係を結んでいた下野の八田（宇都宮）氏出身の女性が乳母であったことが知られる。

前者は平治の乱が起こるまでは在京していたが、その後中村氏の本領である相模国早河庄に下っており、挙兵成功後までの間に、取り立てて頼朝に直接援助したことを伝える史料は得られない。しかし挙兵段階から積極的に頼朝に従った土肥実平は彼女の甥にあたると思われる。後者は下野国の有力在庁小山政光の妻で、のちに頼朝から下野国寒河御厨の地頭職を与えられ、「寒河尼《さんがわに》」と呼ばれた女性である。彼女についても挙兵以前の行動は不明だが、治承四年九月、頼朝が房総半島を北上して武蔵に侵攻しようとした際、夫や嫡子（朝政）が在京中であったにもかかわらず、末子（後の結城朝光）を伴って頼朝の陣に参向したことが知られるから、おそらく流謫中にも支援を欠かさなかったことであろう。

寒河尼の一族系図

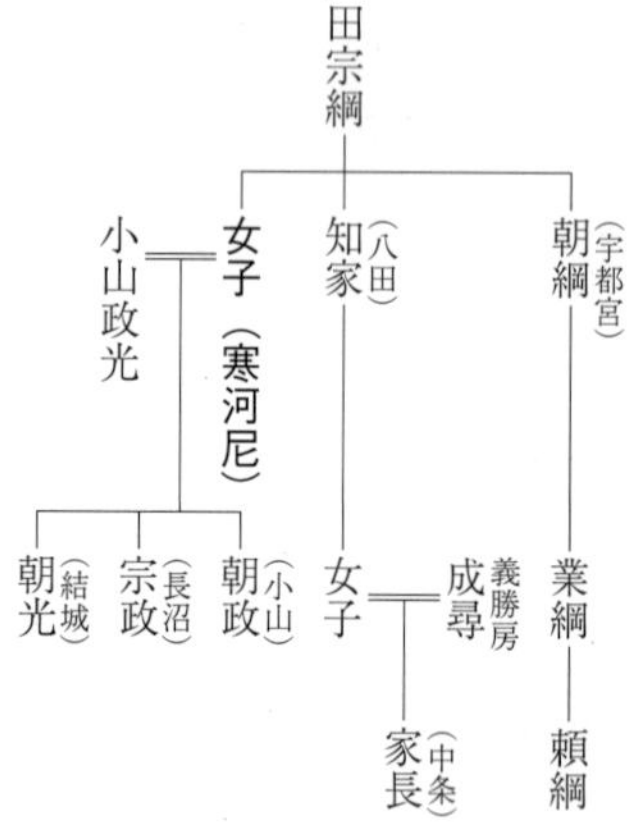

乳母と養君の関係は血のつながった親子よりも強固であり、三善康信や土肥実平のように、その緊

密な結びつきは乳母の夫や子（乳兄弟）のみならず、その一族にまで広く及ぼされるものがあったのである。

このような擬制的な親族関係は中世社会には重要な役割を果たしており、たとえば晩年の北条時政が孫の実朝を廃して婿の平賀朝雅を将軍に立てようとしたのも、朝雅が源氏の一族であったということだけではなく頼朝の猶子であったからだし、右に述べた寒河尼の末子結城朝光（初名は宗朝）が、源氏一門の足利氏と書札礼《しょさつれい》において対等の地位を主張できたのも朝光が頼朝の烏帽子子であったことによる。

ちなみに、「山内首藤氏系図」（『続群書類従』）によると、北条時政は、河内源氏累代の郎等をつとめた首藤《すどう》氏の出で駿河国に居住した鎌田権守通清《みちきよ》の烏帽子子であったという。これが事実であるとすると、通清は義朝の専一の郎等であるとともに乳兄弟であった正清の父であるから、時政と源氏との所縁をうかがうことが出来るのである。

3　流人と浪人

政治犯と「洛陽放遊の客」

政治犯として、僧である文覚や恵信が伊豆に流されてきたことを前述したが、流罪に処された神官もいた。治承三年（一一七九）、筑前住吉社の神官である佐伯昌守・昌助がそれぞれ安房・伊豆に流されてきた。理由は伊勢神宮からの訴えによるということになっているが、実は博多における交易の利権をめぐって平家と対立したことが原因だったらしい。この二人を扶持するために、わざわざ筑前から伊豆に下ってきたのが昌助の弟で「住吉小大夫《こたいふ》」と呼ばれた昌長であった。彼は相模国の有力武士波多野義常のもとに寄宿していた伊勢神宮の神官家出身の大中臣頼隆（永江蔵人）とともに頼朝の配所に出入りするようになり、平家追討の祈禱を委ねられるようになったという。

頼隆は蔵人を称しているから、院あるいは摂関家の蔵人に任じた経歴をもつ人物と思われ（波多野氏は摂関家に祗候していたから、おそらく摂関家）、「祈禱」という職能をもって波多野氏との所縁をたずねて相模に下向していたのであろう。このように何らかの技芸をもちながら中央での栄達を諦めたり、当面の生活を維持するために地方の有力者を頼って浪々する京都人は数多存在したようで、彼らは在地の人々からは「洛陽放遊の客」と呼ばれて歓迎されたらしい。

頼朝のもとにあった大和判官代邦通はその代表格であろう。『尊卑分脈』によると、天仁元年（一一〇八）、大和守に補任されたことの知られる藤原友房の玄孫で、院あるいは女院庁の判官代に任じた経歴から「大和判官代」と呼ばれたのであろう。彼は、頼朝が伊豆目代平（山木）兼隆の襲撃を計画した際、事前に芸能の才をもって兼隆に取り入って山木館の周囲の地形をことごとく図絵して、その成功に大きく貢献したことで知られるが、頼朝が関東を制圧すると、その右筆として活躍し、公文所の発足とともにその寄人をつとめるに至る。鎌倉幕府における吏僚の元祖のような存在といえよう。

西国出身の武士・悪僧

近江国の武士で源義朝の家人であった佐々木秀義が、平治の乱後、子息たちを伴って東国に下り、相模国の渋谷重国の婿となっていた。秀義の子息のうち二男の経高は重国の猶子（あるいは婿）になり、四男の高綱は姨母《おば》を頼って在京していたが、長男の定綱と三男盛綱は伊豆の頼朝のもとに出入りして奉仕を怠らなかったという。とくに盛綱は藤九郎盛長を烏帽子親としていたから、その度合いは深いものがあった。

山木兼隆の襲撃にはこの定綱・盛綱だけではなく、経高・高綱も参加しており、とくに経高が兼隆の後見をつとめていた堤権守信遠の宅の前庭で射た矢は「源家が平氏を征する最前の一箭」として『吾妻鏡』に特記されている。

一方、兼隆本人の首級をあげたと伝えられているのが加藤景廉である。景廉の父景員は伊勢の武士であったが、敵を怖れて伊豆に下り、当国の在庁官人で伊東氏や狩野氏と同族である工藤茂光の婿になったという。佐々木秀義とよく似た境遇である。ちなみに、景員の子の一人は伊豆山（走湯）権現の僧となった。山木攻めに成功した頼朝が相模に進撃するにあたって妻の政子の保護を依頼した文陽《もんよう》房覚淵《ぼうかくえん》がそれで、政子は藤原邦通や佐伯昌長を従えて彼の坊舎に渡ったのであった。

敵に追われて逃亡し、東国の武士のもとに身を隠していた悪僧もいた。浄瑠璃義太夫節の「御所桜堀川夜討」で源義経暗殺の刺客として登場することで有名な土佐房昌俊である。彼は興福寺の悪僧であったが、衆徒内部の騒擾の一方の当事者として召し捕らえられ、ちょうど大番役のために上洛していた土肥実平に預けられた。やがて昌俊と実平は親しくなり、実平の帰国に従って東国に下り、頼朝に仕えるようになったのだという。実平と頼朝の関係は前に述べたとおりで、昌俊が配所の頼朝に祗候したのは実平の介在があってのことであろう。頼朝は「心きはさる者」(心ばえのすぐれた者)であった昌俊を「身をはなたず」召し使ったという(延慶本『平家物語』第二末)。そういえば、北条時政の従兄弟も興福寺の名だたる悪僧であった。昌俊が伊豆北条にあった頼朝のもとに寄宿するに至った背景には、そうした関係も想定できるかも知れない。

4 頼朝の挙兵

伊豆目代山木兼隆の討滅

頼朝の平家打倒の挙兵は、伊豆国の目代平(山木)兼隆の討滅からその幕が切って落とされた(野口 一九九八)。兼隆は都で検非違使をつとめていたのだが、父の信兼に訴えられて伊豆に流されていた。しかし、この年の五月に伊豆の知行国主であった源頼政が以仁王の挙兵に加わって討たれたことにより、国主が平時忠(清盛の義弟)に替わると、時忠が検非違使別当だった時の部下であった関係から兼隆が目代に抜擢されたのであった。

治承四年八月十七日は伊豆国の一宮である三島社(三島市大宮町)の祭礼の日であった。国一宮は国衙権力のイデオロギー的な機能を担っていたから、目代の館に仕える者たちの多くは三島社に赴かざるを得ない日である。この日に兼隆の襲撃を予定していた頼朝は、神事の始まる前の早朝、戦勝祈願のため、密かに藤九郎盛長を遣わしていた。前日までの大雨によって参向の遅れた佐々木兄弟の到着を待ち、夜半を期して四十騎ばかりの軍勢が北条の館を出立していった。頼朝は館にのこり、軍勢は時政が率いる形である。時政は三島社の祭礼で人出の予想される牛鍬大路を避けて間道の蛭ヶ島道を行くことを提案したが、頼朝は「事の草創に閑路を用い難し」（『吾妻鏡』）と命じたという。出陣した者の中には神官である佐伯昌長も腹巻を着けて加わっていた。戦場に臨んでの祈禱を行うためである。一方、北条館には佐々木盛綱と加藤景廉が留まって頼朝の守護にあたった。

国衙権力の掌握

山木館に向かった軍勢は、棘木《ばらき》（伊豆の国市原木）を北行して肥田原（函南町肥田）に着いたところで二手に分かれ、一方は山木館の北方五町ほどの所にある堤信遠の館に向かった。信遠（兼行とも）は伊豆国府から山木に向かう堤の端に館を構えていたので「堤権守」と呼ばれていたという。彼については「権守《ごんのかみ》」という肩書きから、伊豆の在庁とする見方もあるが、この時代の地方有力者の称する「権守」は、多くの場合、成功（売官）で得たもので、居住国の権守ではない。それに伊豆の堤氏なる存在は『曾我物語』にも登場しないので、信遠は兼隆が都から連れ来たった、まさに『吾妻鏡』が「兼隆後見」と伝えるとおり、その直属の郎等と考えられる。この信遠の館には時政の雑色源藤太《げんとうた》の案内で佐々木兄弟の率いる一隊が向かったのである。

佐々木兄弟の一隊は牛鍬の大道を東に折れ、館の門田（館主の直営田）の辺りに至った。そこで彼らはさらに二手に分かれ、定綱・高綱は源藤太の手引きで館の裏手に回り、経高は前庭に進んだ。ここで経高の手から放たれた矢こそが、平家追討の最初の一箭であったと『吾妻鏡』は特記している。信遠は経高に挑みかかったが、背後から迫った定綱・高綱に討ち取られる。

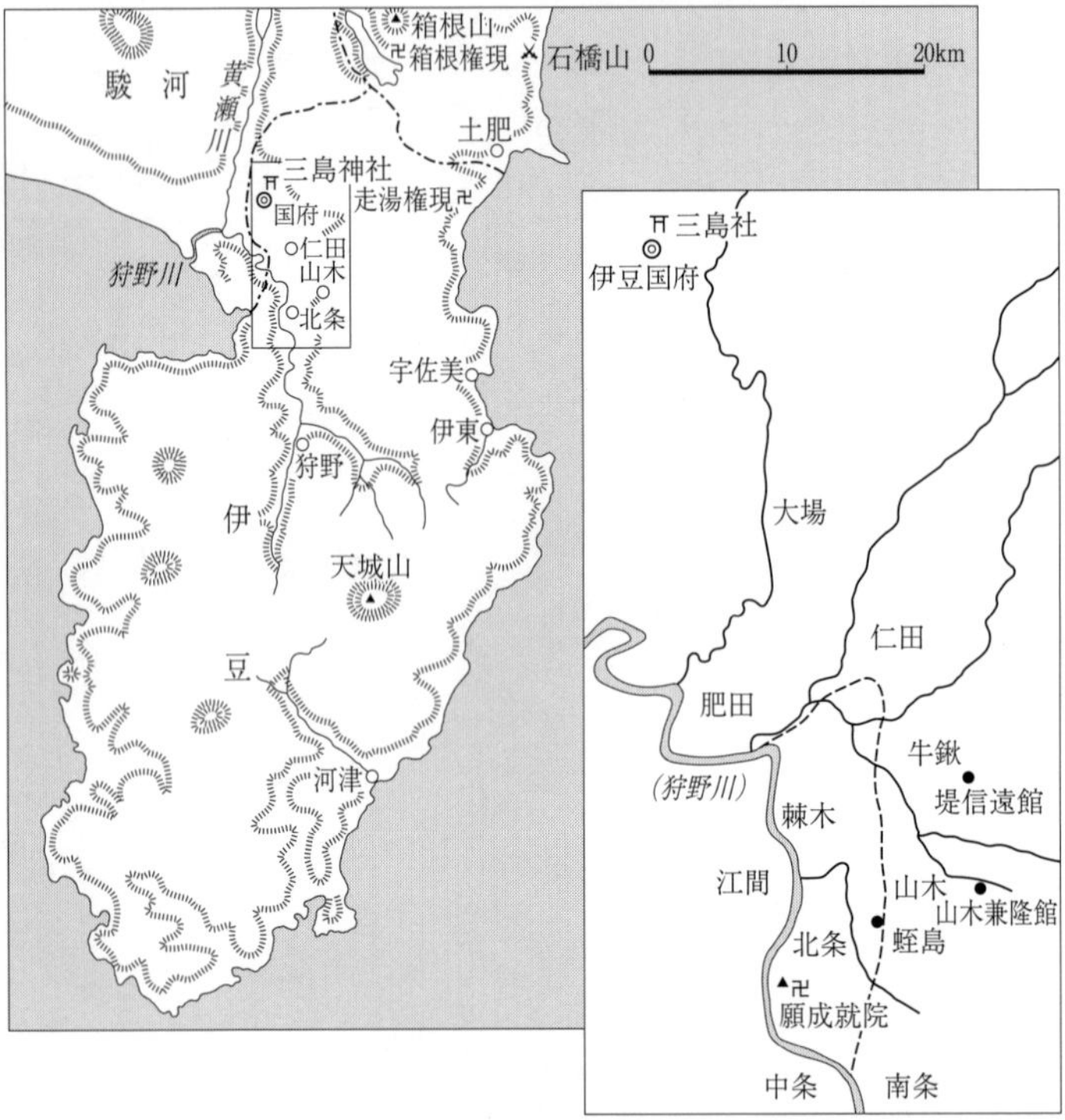

伊豆北条の周辺

(石井進『日本の歴史７　鎌倉幕府』中央公論社，1965年，６頁掲載の地図をベースに情報を追加して作成)

------は狩野川旧流路の推定。山木兼隆・堤信遠館の位置は推定。

一方、山木館に向かった時政以下の一隊は、館の前の天満坂の辺りから矢石を発しながら攻め込んだが、警衛にあたる精兵たちの抵抗に手こずり苦戦を余儀なくされた。そこに佐々木隊、さらに頼朝から宿直の警固を解かれた加藤景廉・佐々木盛綱・堀親家が歩行で駆けつけて、ついに兼隆を討ち取ったのである。

目代を倒したことで、頼朝は実質的に伊豆の国衙機構を掌握した。伊豆国の武士の中には長く知行国主であった源頼政と私的な主従関係を結んでいた者もあった。したがって、新たに目代となった兼隆と、以前から国衙の実務を取り仕切っていた在庁官人の工藤（狩野）氏や北条氏とは軋轢が絶えなかったのである。頼朝が挙兵を決意し、時政らがそれを支援した背景には、そのような状況があったのである。

なお、『吾妻鏡』には、山木兼隆を討った直後に頼朝が出した「関東のことの施行の始め」という記念すべき下文が載せられており、それには兼隆の親戚の史大夫知親なる者の伊豆国蒲屋御厨知行を否定する旨が記されている。五味文彦は、彼が文章生から右大史、さらに五位（大夫）に叙せられた中原知親（朝親）という下級貴族に同定されることを明らかにし、当時、朝廷で外記や史に任じた後、五位に叙せられた官人が諸国の目代をつとめる例の多かったことから、頼朝挙兵時の伊豆においては、兼隆が武勇の目代、知親が文筆の目代として平時忠の知行国支配を担っていたと推測している（五味一九八四）。

第三章　時政の周辺

1　在京活動を担った時定

北条時定と服部時定

時政以前の北条氏を評価する上で一つのポイントになるのは、時政の腹心とされる時定の問題である。『吾妻鏡』建久四年二月二十五日条に、時定は「北条介時兼男」とある。杉橋隆夫はこれをもって彼を北条氏の嫡流と見るのだが（杉橋 一九八七）、ここまでに見たとおり史料価値の高い系図は一致して時政の父を時兼としているから、その腹心で「眼代」をつとめた時定は弟と見るのが順当ではないだろうか。時政の居館の立地は交通・軍事などあらゆる側面において当時の伊豆国内随一といえるものがあり、その点からも時政が北条氏嫡流であったことは動かないと思う。前述したように、おそらく時定は頼朝挙兵以前から北条氏の在京活動を担う役割を果たしていたのであろう。時定は『吾妻鏡』治承四年（一一八〇）八月二十日条の頼朝の挙兵に従った者の交名に名を挙げられているが、『延慶本平家物語』第二末の交名には所見せず、『吾妻鏡』に次に所見するのが、文治二年（一一八六）三月二十四日条であることからも、頼朝挙兵前後においては伊豆不在の可能性が高いのである。

ちなみに、時定の後、北条氏による在京活動の担い手となったのは、時政の子で義時の弟にあたる時房で（野口 二〇〇五）、『百二十句本平家物語』巻第十二（『新潮日本古典集成 平家物語 下』）には、源行家追捕のために「北条の子息時房」が摂津渡辺に下ったという記述が見えている。時房が元服したのは文治五年（一一八九）四月十八日のことで、しかもその時の名は時連《ときつら》であったから（『吾妻鏡』）、これは事実ではなく、『平家物語』覚一本《かくいちぼん》では時貞（時定）になっている。しかし、ここに「時房」が登場するのは故なきものではないと思う。

ところで、第一章において、北条氏と伊勢・伊賀平氏との系譜的近接を憶測したが、その傍証は時定の行動からも指摘することが出来る。すなわち、『百二十句本平家物語』巻第十二に、

信太の三郎先生義教は伊賀の千戸といふ山寺におはしけるが、当国の住人服部平六時定といふ者に取りこめられて、自害してんげり。服部やがて首を取り、鎌倉へ下る。この服部と申すは、平家伺候の者なりしが、本領伊賀の服部をぞ返し賜びにける。

とあり、ここに見える服部平六時定が北条平六時定に同定されるからである。宝賀寿男編『古代氏族

系譜集成』中巻に示された「伊賀ノ服部氏」の系図には、服部氏の初代として服部連時定（服部六郎・服部庄下司）が挙げられ、「平家物語、志田義憲ヲ討ツ」「東鑑、文治三年七月、平六傔仗」と注記されている（宝賀 一九八六）。

無論、この『百二十句本』の話は事実に相違しており、『吾妻鏡』によると義教《よしのり》（義範・義広）は元暦元年（一一八四）五月四日に伊勢国羽取山において波多野盛通・大井実春らと激戦の後に討たれている。おそらく、この事件と、後に北条時定が畿内近国で謀反人の探索にあたった事実が混同されて、このような話が成立したものと見られよう。「羽取」が「服部」になり、それゆえ伊賀で発生した事件ということになったと思われるのだが、そこに北条時定が服部氏として登場することが問題で、やはり北条氏と伊賀・伊勢との由縁を想像したくなるのである。

ちなみに、伊賀服部氏の系譜は、池家（池禅尼・平頼盛）の家人で、平治の乱後、源頼朝を逮捕したことで知られる平宗清の子孫と時定の子孫が融合するような形で伝えられている（宝賀 一九八六）。杉橋隆夫は、平治の乱後、清盛との相剋を見据えた池家が、将来にわたる政治的カードとして頼朝の身柄の確保をはかり、伊豆に流した頼朝の監視を北条氏にあたらせたと見るが（杉橋 一九九四）、この杉橋の推測と平宗清と北条時定の所伝上の親近の整合は何とも示唆的である。

畿内近国の係累によるネットワーク

伊豆北条氏に婿入りした時家が伊勢平氏の系譜を引き、興福寺の悪僧信実と姻戚関係を有したことが、時政・時定の伊賀・伊勢・大和における活動に寄与するものがあったことを第一章で述べたが、それは紀伊国でも敷衍《ふえん》できるように思われる。たとえば、文治二年（一一八六）九月、検非違使北条時定の代官が、後白河院の召使に随行して同国の蓮華王院領広・由良庄に赴いて濫妨停止にあたっているが、その濫妨を行った吉助なる者は、伊賀平氏の一族で平家の有力家人である平貞能の郎従の弟であった（上横手　一九七三）。また、紀伊湯浅氏と関係の深い明恵《みょうえ》の父平重国は伊勢伊藤党の出身で養父の平姓を称し、平重盛の家人となり、平家の有力家人で上総介に任じた伊藤忠清の目代として東国に下っていたことにより、治承四年、頼朝に応じた反乱軍に討たれたと考えられる存在であった（野口　一九八五）。

時政・時定の在京活動は、畿内近国に張りめぐらされていた時家の係累によるネットワークに負う部分があったのではないだろうか。あるいは、当地方に時家から伝領した所領を有していた可能性もみとめられよう。この推測は右に見た服部氏始祖伝承成立の背景とも整合する。ちなみに、『源平闘諍録』が時家の祖父とする盛基の子孫の多くは「時」を名の通字としている（野口　二〇〇三・二〇〇四）。

なお、時定に関する知見として「葛山家譜」（『裾野市史』第二巻　資料編　古代・中世別冊付録「中世系図集」一九九五年、収録）に、彼の妻が中《ちゅう》（大中臣氏カ）四郎維重《これしげ》の姉であったという記事が見えることを付け加えておきたい。維重（惟重）は伊豆配流中から頼朝に仕えた吏僚であり、石橋山合戦の際には以仁王《もちひとおう》の令旨をつけた旗を掲げていたことが知られ（『吾妻鏡』治承四年八月二十三日条）、文治五年（一一八九）の奥州合戦の後、出羽国平賀郡の地頭職に補任されたことが遠藤巌によって指摘されている（遠藤　一九八一）。

時定は在京活動の実績を踏まえ、傔仗を経て、文治二年(一一八六)七月に左兵衛尉、同五年四月には左衛門尉に任じられており、正治二年(一二〇〇)四月、時政が一躍従五位下遠江守に叙任されたのは建久四年(一一九三)に早世した時定の官歴をうけたものと見てよいであろう。彼の子孫については『吾妻鏡』建久五年閏八月二十八日条に、その遺領を子孫に領掌させるべき旨の記事が見えるのみで不明とせざるを得ない。『続群書類従』所収の北条氏の系図には、彼の娘が「笠原親久」なる者の妻になったとあり、この笠原親久が源頼家の側近として知られる笠原親景と同一人物か一族であるならば、比企氏の乱に連坐する形で滅亡したのであろう。

2　妻の家　牧(大岡)氏

牧(大岡)氏とその本拠

頼朝挙兵前後の北条氏の政治的ステイタスや存在形態を考える場合、時政の後妻牧の方およびその一族の評価が決定的な意味をもつことは言うを俟たない。杉橋隆夫の論文「牧の方の出身と政治的位置」(杉橋 一九九四)は、そこにメスを入れた画期的な研究であった。しかし、牧氏が平忠盛の正室藤原宗子の一族であることについては多くの状況証拠からその蓋然性を認めたいが、時政と牧の方の結婚の時期を平治の乱以前にまで遡らせたことについては疑問を払拭することが出来ない。この懸念に応えてくれたのが山本みなみの「北条時政とその娘たち」と題する論文である(山本 二〇一三)。

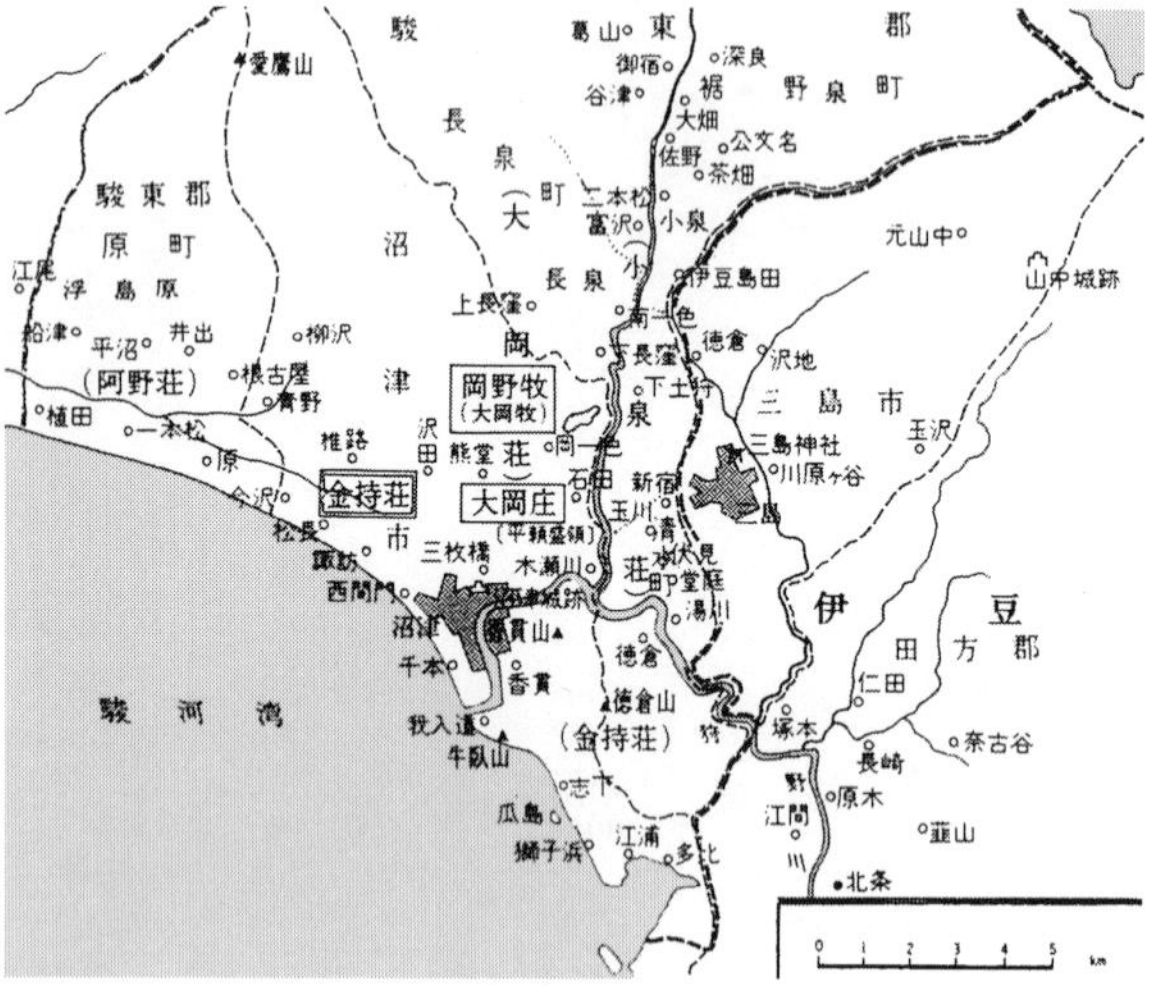

大岡庄とその周辺
（竹内理三編『荘園分布図』上巻，吉川弘文館，1975年を一部改変）

以下、本書では時政の妻と子女の出生や婚姻に関する時系列的な整理はすべてこの山本の研究成果に依拠したい。

ところで、すでに『沼津市史　通史編　原始・古代・中世』において杉橋隆夫が紹介したところだが（杉橋 二〇〇四）、近年になって牧氏の文化レベルにおける貴族的性格を示す貴重な成果が国文学者浅見和彦によって示されている（浅見 一九九七）。

それによると、鎌倉初期に成った歌集『閑谷集』の作者は『鎌倉年代記』に建久三年（一一九二）の「六波羅探題」として所見する牧四郎国親の子息に比定され、彼は養和元年（一一八一）二月ごろ加賀にあり、同年十月ごろ但馬に移って翌春の頃まで滞留していたが、文治元年（一一八五）八月、牧氏の本領で平頼盛領であった駿河国大岡庄（牧）内の大畑

（現在の静岡県裾野市大畑）に庵を構えるに至る。そして、そこには都よりの知人も立ち寄り、また涅槃会・文殊講などの法会が執り行われ、あわせて歌会も開かれていたというのである。

　牧四郎国親の名は京都大学大学院日本史研究室所蔵『六波羅守護次第』にも、建久三年の六波羅守護として記されているし（熊谷 二〇〇三）、この牧国親に比定される「牧四郎入道」は、東大寺別当が東南院御坊法印（定範）の時、「関東御権威」によって美濃国大井庄地頭職に補されたという事実も確認できる（折田 一九八七）。

　さらに、これも『沼津市史』において杉橋紹介するところだが、右の浅見の指摘に符合するかのように、裾野市の大畑遺跡の上屋敷地区からは平安時代末から鎌倉時代にかけての遺構群が検出されている。ここでは、小鍛治、銅鋳物製造を目的とした工房や南北十間・東西三間という壮大な建物跡が確認されており、遺物においては手づくね成形の土器や舶載陶磁器の豊富さが指摘されている。さらに、隣接する大畑経塚でも、十二世紀後半から十三世紀前半期の

『閑谷集』の作者圏（□内は推定）

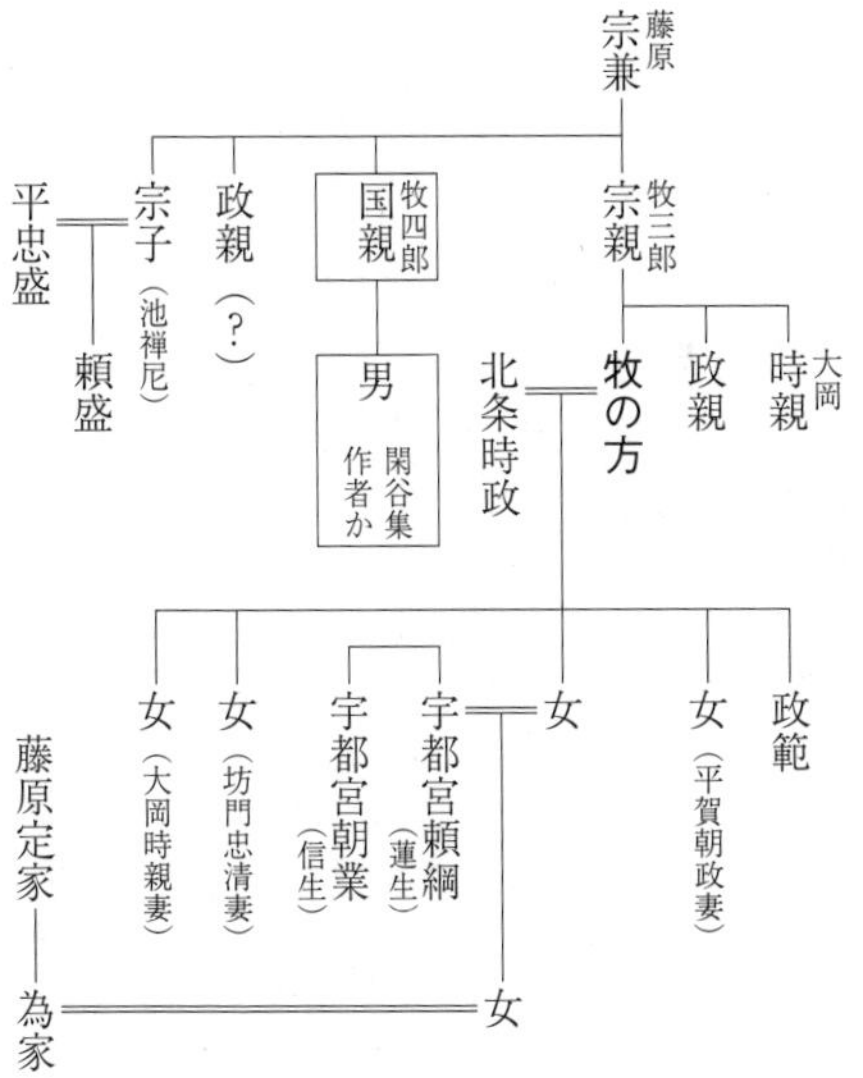

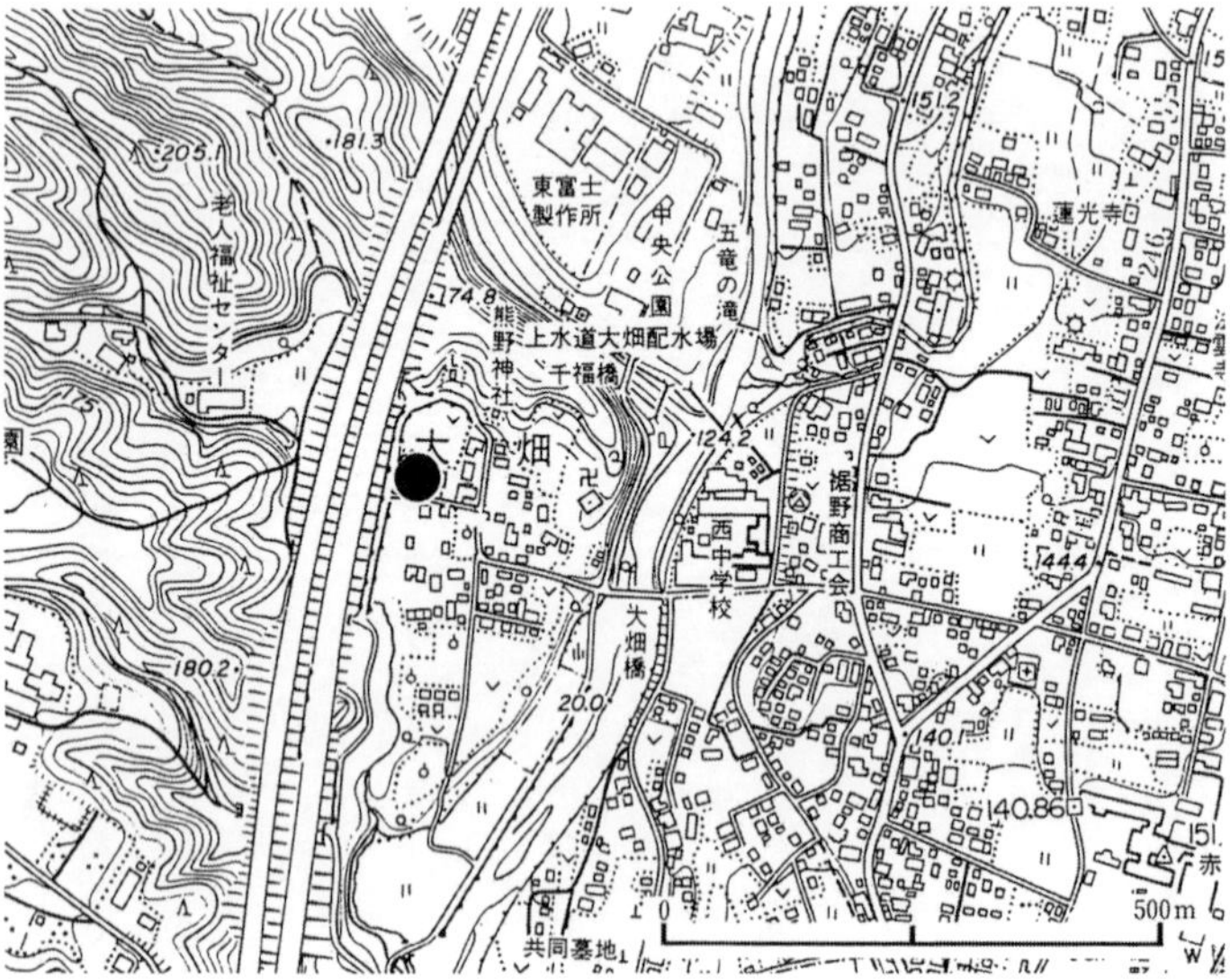

大畑遺跡の位置

常滑《とこなめ》古窯産の埋蔵用の大甕破片が出土しているという（以上、裾野市史編さん専門委員会 一九九二）。

　これらの事実から、牧（大岡）氏本拠の空間が、交通・流通の拠点として積極的に京都文化を受容しうる場であったことが明らかになった。大岡庄大畑は佐野川と黄瀬川の合流する地点の南西に位置し、現在でも東名高速道路の通過する交通の要衝であって、伊豆北条と多くの共通性を有する空間といえる。

　本拠の様態から、牧（大岡）氏のイメージもかなり具体的なものになってきた。浅見は、京都を故郷とする『閑谷集』の作者（牧四郎国親の子息）が、平家のために各地を移動しながら地方支配や情報収集に関与していたことを示唆しているが、そのような人物を一族にもつ牧氏と、これまた京都と緊密なつながりを有した北条氏は、所領が近接することも相俟って深く関係していたのである（杉橋 二〇〇八）。

元久元年（一二〇四）十一月、時政と牧の方の間に生まれた政範がわずか十六歳で没した時、『閑谷集』の作者は政範を「木高き花影」と呼んで、その死を泣嘆している。政範はこの時すでに従五位下左馬権助の官位を帯しており、いずれは兄義時と北条氏家督の地位を争うことになることは火を見るよりも明らかな立場にあった。『吾妻鏡』文治元年十月二十四日条には牧宗親が「北条殿御代官」と

大畑の熊野神社（裾野市大畑）

大畑の五竜の滝（裾野市千福）

見えるが、時政は牧の方の外甥にあたる越後介高成を越前国国地頭職の「眼代」に補するなど（浅香一九八二）、牧の方の一族を盛んに登用している。

義時・政子による時政・牧の方追放事件は、ひとえに義時系の北条氏嫡宗権確立＝牧の方関係者の幕府政治からの排除という点にその政治史的意義を求めるべきであろう（第七章第3節参照）。

『吾妻鏡』における牧宗親と大岡時親

頼朝挙兵以前において牧氏の政治的・社会的なステイタスは北条氏よりも上位にあったことは疑いのないところであり、また頼朝挙兵に際しても、石橋山合戦の後に加藤景員らが大岡庄を目指していることから、時政と同意していたと考えられるから、鎌倉政権の成立後に平家方として処分されたとは考えがたい。

そこで問題になるのが、寿永元年（一一八二）十一月の「亀の前事件」における牧氏の位置である。この事件は頼朝の浮気に対する政子の嫉妬の激しさを伝え、政子を悪女とする評価の材料の一つとされたことでよく知られている挿話である。この事件の発端になったのは、頼朝の愛妾亀の前が伏見広綱の家に囲われていることを牧の方が政子に密告したことであった。これを聞いた政子は牧三郎宗親に命じて広綱の家を破脚させる。頼朝はこの件について宗親を召問し、宗親は謝罪するが、怒った頼朝に髻を切り落とされ、泣きながら逃亡する。一方、これを聞いた北条時政は頼朝の態度に腹を立てて伊豆に下国してしまう。

『吾妻鏡』に記されたこの痴話話（政子による「うわなりうち」）の中で納得できないのは、北条氏よりも高いステイタスにあり、牧の方の父である宗親がどうして政子に仕えるような境遇にあるのか。

そして、たとえ頼朝の怒りを買ったとはいえ、当時の社会における成人男子にとって最も恥辱とされるような羽目に陥らざるを得なかったのかという点である。

宗親が池禅尼の弟であるとするならば、かなりの年輩であることが予測できる。また、その官歴について『愚管抄』は大舎人允《おおとねりのじょう》、『尊卑分脈』は諸陵助《しょりょうのすけ》としている。ところが、亀の前の事件を記す『吾妻鏡』に、彼は「牧三郎」として登場し、文治元年（一一八五）十月二十四日条からは「牧武者所」となり、最終所見の建久六年（一一九五）三月十日条まで変わらない。大舎人允や諸陵助の官歴を有するものが武者所に補されることは考えがたく、ここには何らかの錯誤を認めざるを得ないのである。

私は『吾妻鏡』に「三郎」「武者所」として所見する「宗親」はすべて、本来その子息である時親にかかるものであると推測する。同書建仁三年（一二〇三）九月二日条に「判官」として初見する大岡時親を宗親と混同して伝えたものと考えるのである。この記事は『愚管抄』の「大岡判官時親とて五位尉になりて有き」という記事に符合する。ついで時親は『明月記』元久二年（一二〇五）三月十日条や『吾妻鏡』同年八月五日条に備前守として登場するが、武者所→判官→備前守という官歴は制度的にも年代的にも整合するところである。したがって、『吾妻鏡』に見える宗親の所見はすべて時親に置き換えられるべきで、宗親は頼朝挙兵以前に死没していた可能性が高いのではないだろうか。

牧氏の役割

以上、時政ないし伊豆北条氏の存在形態を解明する上でポイントとなっている牧氏について、浅見和彦の研究や近年における考古学的研究の成果を前提に、いささか踏み込んで考察を加えてみた。『吾妻鏡』に所見する牧宗親の所見はすべて時親に代置されるべきものであるという推測を示したが、牧氏に関しては相変わらず蓋然性でしか語ることのできない部分が多く、後考を期さなければならないのは勿論のことである。

建久三年（一一九二）、六波羅守護人に牧国親が在任していることについては、上洛時に使用する頼朝の御所が六波羅の池殿（頼盛亭）跡に造営されたこととの関連も含めて、平頼盛と幕府との関に介在したであろう牧氏の役割について考えさせられるものがある。

杉橋隆夫が指摘するように、牧氏の本拠である大岡庄の黄瀬川対岸の香貫《かぬき》の地が源義朝の乳兄弟であった鎌田正清の所領であり、正清の父通清を北条時政の烏帽子親とする所伝の存在すること、また、平治の乱後、頼朝の同母弟である希義《まれよし》がここに潜伏していたことも興味深く（杉橋 二〇〇四）、北条氏や牧氏の在地における政治的スタンスについては、さらに追究の余地がのこされている。

幕府成立後、大岡庄と境を接する金持庄を本拠とした金持氏は北条氏の被官として活躍するようになるが、平賀朝雅追討の際、朝雅に「宿意」をもっていた金持広親は大功をあげている。その「宿意」の背景として、金持氏と牧氏との間に在地におけるトラブルが存在した可能性が指摘されており（明月記研究会 二〇〇五）、これまた興味を引かれるところである。ちなみに、北条時家が伊勢平氏の出身であることや時定と伊賀服部氏に関する所伝を前提に考えると、平賀朝雅の伊賀支配の背後に彼の舅である北条時政の支援が大きく与《あずか》っていたという想定も可能かも知れない。

ところで、藤原氏の氏神である春日権現の霊験を描いた『春日権現験記絵《かすがごんげんげんきえ》』（成立は鎌倉時代）の巻八の二段に中納言源雅頼の子範雅僧都の養父として「人に知られたる侍」である「大舎人允入道」が登場するが、五味文彦はこれを右の牧宗親に比定している（五味 一九九八）。雅頼は右大臣九条兼実と昵懇《じっこん》の関係にあり、彼の家人の中原親能は源頼朝の側近であった。宗親の本拠である大岡庄が平頼盛の仕える八条院領であったことから導かれるこの推測は妥当なものであろう。五味は宗親の弟の覚《かく》長《ちょう》、その子の信宗《しんそう》も範雅同様に興福寺の僧であったことを紹介しているが、とすると、牧家の関係者は大和の宗教勢力にも及んでいたことになり、このこともまた時政や時定、さらには、平賀朝雅（牧の方の婿）の畿内近国支配に大きく資するところがあったことが予想されよう。

第四章　時政と京都権門

1　吉田経房と時政

伊豆守経房と在庁時政

北条時政が内乱期において果たした役割といえば、文治元年（一一八五）の暮れ、兄と対立して京都を去った義経に代わって頼朝の代官として上洛し、畿内近国の治安維持を担うとともに、義経の捜索を口実としていわゆる「守護・地頭の設置」や廟堂粛清について朝廷と交渉を行ったことが挙げられるであろう。頼朝は自らの舅というだけで、このような大役を時政に委ねたとは思えない。おそらく、彼は坂東武士の中では並外れて中央との交渉のパイプを有する存在だったのであろう。

時政が王朝権力の主体である院との交渉に際して、その窓口の役割を期待したのは、院近臣の一人で実務能力にもすぐれた正三位権中納言吉田（藤原）経房であった（高橋 二〇〇八・美川 一九八四）。

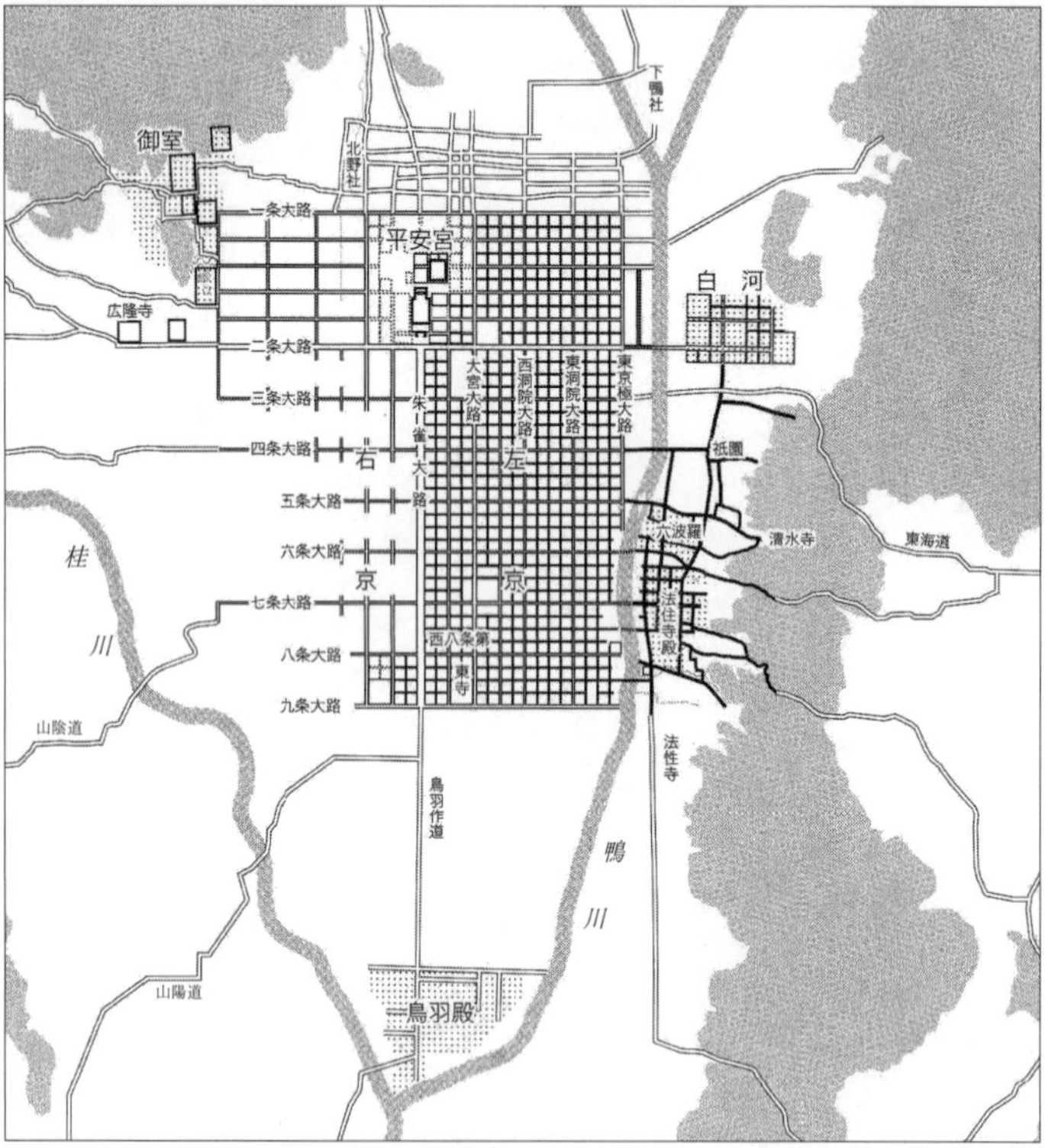
下鴨社
御室
北野社
一条大路
平安宮
白河
広隆寺
二条大路
大宮大路
西洞院大路
東洞院大路
東京極大路
三条大路
朱雀大路
四条大路
右京
左京
祇園
五条大路
六波羅
清水寺
東海道
桂川
六条大路
七条大路
法住寺殿
西八条第
八条大路
東寺
九条大路
山陰道
法性寺
鳥羽作道
鴨川
山陽道
鳥羽殿

京都周辺図

時政と経房が若年の頃から知己の間柄であったことは、近年、森幸夫が明らかにしたところである（森 一九九〇）。その根拠とされた史料は、経房から五代目の子孫にあたる甘露寺《かんろじ》隆長《たかなが》の著した『吉口《きっく》伝《でん》』の「頼朝卿憑申故大納言由来事」である。その内容を解釈すると、

伊豆国の在庁官人であった北条時政（当時十七〜二十一歳）が目代から咎をうけて召籠められてしまったとき、伊豆守だった経房（十三〜十七歳）の対応に感じ入るところがあり、後に婿となった頼朝にそれを語ったことが、頼朝が経房を「賢人ユユシキ人」として「憑申《たのみもう》」すきっかけになった。

というのである。さらに、これに続いて、甘露寺隆長の兄にあたる吉田定房の家司である源重泰《しげやす》が関東に下向した際、大方禅尼（北条高時の母覚海円成尼＝大室泰宗女）から、「経房と時政の旧交は周知されていることである。頼朝が出世すると諸人はこれに媚びることがあったが、経房一人はそうせず、また、平家方に与したわけでもなかったので、賢人として殊に憑みにされたとのことだ」という話を聞いたことが記されている（村田 一九四〇）。

頼朝の上司だった経房

頼朝が経房を交渉の窓口として「憑申」した背景は、もともと後白河院近臣たる源義朝の嫡子として少年期を京都で過ごした頼朝自身の経歴からもうかがうことが出来る。すなわち、頼朝は母方に院近臣を輩出した熱田大宮司家をもつだけではなく、自身も統子内親王（鳥羽皇女・後白河准母）の皇后宮権少進となり（『兵範記』保元三年二月三日条）、統子が院号を宣下されて

上西門院となると、その蔵人に任じたが（『山槐記』平治元年二月十九日条）、その際、皇后宮権大進あるいは院判官代として常に頼朝の上司の立場にあったのが、当時十六〜十七歳の経房その人だったのである。

元木泰雄は、北条時政が頼朝の代官として上洛した原因について、「頼朝の岳父という点よりも、むしろ経房などとの政治的関係が重視されたと見るべきかもしれない」と述べているが（元木 二〇〇七、一七八頁）、まさしく王朝政府側の要人で最も信頼のおける人物と私的関係を有することが、時政が頼朝の使者に選ばれた最大の理由であったのだろう。

奇しくも経房は、頼朝と時政双方に若年の時代から親しく接する機会をもち、おそらく相互に深い信頼関係を醸成していたのである。青少年期の純粋な心に結ばれた固い絆が、難問山積の公武交渉を円滑化したといえよう。

なお、時政の在京中、後白河院は頼朝に恭順の意向を示す使者として強いて経房を鎌倉に派遣しようとしたが、頼朝が公卿に長途を凌《しの》がせるのは畏れ多いとして固辞したために沙汰やみになったことがある（『玉葉』文治元年十二月十七日条・『吾妻鏡』同月二十三日条）。頼朝の側（具体的には時政）としては、経房の京都不在は何としても避けなければならなかったのであろう。また、このことから、院の側としても、頼朝との交渉の仲介者として経房に頼むところの大きかったことがうかがえる。

2　平頼盛と時政

頼盛と牧（大岡）氏

時政が頼朝の代官として上洛したもう一つの理由として挙げられるのは、彼と平頼盛（清盛の弟・池殿）との関係である。時政の後妻牧の方が頼盛の母（忠盛の正室）池禅尼（藤原宗子）の姪で、彼女の父（宗子の兄弟）にあたる宗親が頼盛領の駿河国大岡牧（庄）を知行・留住していたことは、既述のように杉橋隆夫が明らかかしている（杉橋 一九九四）。杉橋は、平治の乱後、頼朝の身柄を管理する立場を得た池家（頼盛）が、牧の方の夫となった北条時政にその監視を委ねたことを想定した。この説のネックになるのは時政と牧の方の結婚の時期であるが、大岡牧が伊豆国府ときわめて近い位置に存在することや時政の長男宗時の烏帽子親（諱の一字を与えた）に牧宗親が想定されるという細川重男の意見（細川 二〇〇七）、あるいは、頼朝挙兵の際に牧氏が頼朝方に敵対する態度を示さなかった事実に照らしても（『吾妻鏡』治承四年八月二十八日条）、牧氏と北条氏の親密な関係が頼朝挙兵以前に遡ることは間違いないであろう。

頼盛の東下

寿永二年（一一八三）七月、平家都落ちに加わらなかった頼盛は、その年の十月、京都を逃れて関東に向かった（『玉葉』・『百練抄』同二十日条・田中 二〇〇三）。十一月六日、右大臣九条（藤原）兼実のもとに、その腹心である源雅頼からもたらされた情報によると、頼盛はすでに鎌倉に到着し、侍二人と・子息全員を伴って、五十人ばかりの郎従を従えた頼朝に対面し、その後、鎌倉から一日ほどの行程のところにある相模国府に赴いて、目代を自らの後見とした。また、この時、同じく都から下った一条能保（頼朝の同母妹の夫）は、頼朝の亭から一町ほど離れたところにある僧全成《ぜんせい》（頼朝の弟、義経の同母兄）の家に宿していたという（『玉葉』十一月六日条）。

相模国目代中原清業

頼盛の後見になった相模国目代が何者であるかについては、森幸夫が、『玉葉』元暦元年（一一八四）四月一日条に「頼盛卿後見侍清業」、同七日条に「頼盛卿後見史大夫清業」とあることなどから、かつて五味文彦が院政期に旺盛な活躍を見せた史大夫の一人で「頼盛・頼朝・後白河院の三者の連絡役を果たした」（五味 一九八四）として紹介した中原清業《きよなり》と同一人物であることを明らかにしている。清業は頼盛が大宰大弐となった際（在任は仁安元年〔一一六六〕～同三年）に、その目代として八条院領肥後国人吉庄の前身である球磨臼間野庄《くまうすまのしょう》の立荘に関わったと推定され、頼朝挙兵時には相模守藤原範能の目代をつとめており、寿永二年（一一八三）八月に範能が但馬守に遷任し、後任の守が不在という状況の中で、そのまま相模国府に留まっていたというのである（森 二〇〇九）。ちなみに清業は『玉葉』元暦二年正月二十三日条にも「頼盛卿の郎従」と見えている。

治承四年の頼朝の挙兵に際し、上総や下総では目代が頼朝側の勢力の前に立ちはだかった（野口 一九八五）。そもそも、頼朝による反平家の挙兵は、伊豆目代山木兼隆の討滅に端を発するものであった。しかし、頼朝が本拠と定めた鎌倉の所在する相模の目代中原清業は頼朝に敵対することはなかった。しかも、平家本流と袂を分かって東下してきた頼盛の後見になったというのである。頼朝の挙兵に際して、相模国では大庭景親が国内の武士たちを動員して追討軍を編成したが、国衙在庁系の三浦・中村氏の一族はこれに敵対する行動をとっている（野口 一九七九）。頼朝の挙兵に、頼盛との連絡のもとで、この中原清業が関与したことまで想像したくなるが、少なくとも相模国内の状況は清業から頼盛に報告されていたはずである。

頼朝の政権樹立に貢献した頼盛

平家都落ち後の頼盛の行動は、こうした前提を踏まえて捉えられるべきもので、彼は坂東に下って、頼朝の政権樹立に積極的に協力する姿勢を示したのである。北条時政は頼盛の外戚である牧（大岡）氏の縁者として当然そこに介在したと思われる。

『玉葉』元暦元年（一一八四）四月一日条には「或人云わく、頼盛卿の後見の侍清業、去月廿八日上洛す。件の男を以て余の事を又法皇に奏すと云々」と見える。中原清業は頼盛の使者として上洛し、「余の事」を後白河院に奏したというのだが、「余」とは『玉葉』の記主である右大臣九条兼実にほかならず、これは角田文衛が指摘するように、摂政基通《もとみち》（兼実の甥）を罷免して兼実をこれに任ずべしという頼朝の意向を奏上したのであろう（角田 一九七八）。

『百練抄』元暦元年五月三日条に頼盛が院の許可を得て上洛したという記事があるので、これ以前にいったん帰洛したようにもとれるが、それは不自然であるばかりか、『公卿補任』元暦元年の平頼盛の条に「五月日、関東より入洛」とあるなど、ほかの史料の記事とも整合しない。佐伯真一の指摘するように、寿永二年（一一八三）十月に京都を逐電した頼盛は、翌月に鎌倉に入ってそのまま年を越し、元暦元年五月に京都に戻ったというのが事実なのであろう（佐伯 一九九二）。

『吾妻鏡』は頼盛の鎌倉出立を六月五日とするが、頼朝はそれに先だって頼盛のために盛大な送別の宴を催し、引出物として金作剣一腰、砂金一袋、鞍馬十疋を贈っている（六月一日条）。頼盛は公武交渉の主役として歴史の檜舞台に躍り出る機会をつかんだかに見えるのである。

分裂していた平家一門

しかし、京都に戻った頼盛を待ち受けていたのは平家都落ちに従わなかった伊勢・伊賀の「小松殿の侍」たち（重盛家人の武士団連合）の引き起こした反乱であった。『延慶本平家物語』第五末は、この乱を在地にあった伊勢平氏一族による頼盛に対する謀反として描いており、川合康は平家一門の非主流派内の対立・矛盾として捉え直すべき事件であると評している（川合 二〇〇四）。

一方、平宗盛をはじめとする西海に逃れた平家主流は、翌文治元年（一一八五）三月、壇ノ浦に滅亡を遂げた。こうした中で頼盛は心身に不調をきたすようになったらしく（角田 一九七八）、元暦元年十二月に権大納言を辞し、文治元年（一一八五）五月には東大寺で出家して八条室町第に籠居。翌二年正月、この邸に後鳥羽天皇が方違え行幸を行おうとした時も、これを固辞しており、すでに健康を損ないすっかり世俗への関心も失っていたようで、六月二日に至り五十五歳で薨《こう》ずることとなる。頼朝は、同十八日に水尾谷藤七《みおのやとうしち》を弔問の使節として上洛させている（『吾妻鏡』同日条）。

3　一条能保と時政

再度の鎌倉下向

一条能保《よしやす》は、妻が頼朝の同母妹である関係から、木曽義仲が入京し、鎌倉の頼朝との対立が鮮明になった寿永二年（一一八三）十一月、妻らを伴って鎌倉に下向した（塩原 二〇〇三）。注目されるのは、この下向が平頼盛との同道であったことで、このことから、以前よりこの両者が深い関係にあったことをうかがうことが出来る。たしかに、両者の親族関係を見ると、頼盛の女が能保の叔父にあたる基家の妻となり、保家を産んでいる（『尊卑分脈』）。鎌倉滞在中の能保は頼朝亭での花見、鶴岡宮への社参、船遊びや小笠懸の見物など、大変なもてなしを受け、元暦元年（一一八四）六月、おそらく頼盛とともに帰洛したようである。

壇ノ浦の合戦で平家一門の本流が滅亡した後の文治元年（一一八五）五月七日、能保は彼の家人である後藤基清らの警護のもと、妻子を伴い、壇ノ浦合戦で捕虜とした平宗盛を護送する義経と同じ日に出京し、翌二年まで八カ月あまり鎌倉に滞在している。この間、能保は頼朝の近親として、源氏の菩提寺となる勝長寿院の造営・供養について頼朝の相談相手をつとめるとともに、京都で不穏な動きを見せる義経や朝廷の情勢などを在京の家人を通じて頼朝に報告し、政務の面でもその補佐役をつとめた（『吾妻鏡』）。

公武交渉の橋渡し役

平家滅亡ののち、頼朝が義経と対立するに至った際、後白河院が義経の要求によって頼朝に対する追討宣旨を下すべきか否かを公卿たちに諮問した時に、諸卿がそれぞれどのような意見を述べたかといった重要な情報を把握したり、院近臣の高階泰経から頼朝への取りなしを求める使者を派遣されるなど、鎌倉における能保は公武交渉の場で大きな存在感を示した。

この間の文治元年十一月末から翌年三月までは、北条時政が在京した時期に重なり、頼朝は時政と能保の二つのルートから京都の情報を入手し、能保らの意見を徴しつつ在京の時政に指示を与える態勢をとっていたことになろう。

ところで、『吾妻鏡』同年十二月七日条は、頼朝が対京都交渉の「巨細」については能保とともに侍従藤原公佐《きみすけ》らと示し合わせて治定したと述べ、この公佐について「二品（頼朝）の御外舅、北条殿の外孫法橋全成息女也。也」と、その素性を説明している。公佐は頼朝の弟全成と時政女阿波局との間に生まれた女子の夫ということであろうか。

『尊卑分脉』によると、公佐は鹿ケ谷事件で有名な院近臣藤原成親の実子で閑院流の藤原実国の養子である。ちなみに、公佐を産んだ八条院坊門局（歌人として有名な藤原俊成の娘）の妹八条院三条は、藤原成親の弟盛頼の妻であった。服部英雄は、盛頼が元暦元年（一一八四）八月、頼朝から肥前国晴気保地頭職を与えられたのは、源義朝・頼朝親子への思いを成親と共有する盛頼が流刑中の頼朝に与えた援助に酬《むく》いるものであったことを指摘している（服部 二〇〇三）。

『吾妻鏡』の所見に従えば、公佐は文治元年六月以前から鎌倉にあり、一条能保とともに対京都政策において頼朝の相談に乗る立場にあったことになる。しかし、彼がこの段階ですでに「北条殿」（時政）の外孫を妻にしていたというのは信じがたい。頼朝の弟である全成（義経の同母兄）と時政女子（政子の妹、阿波局）の婚姻は、全成が兄の挙兵に応じて東国に下ってから後になされたものと見るのが常識的な理解だからである。『吾妻鏡』編纂時の過誤（いわゆる「切り貼りの誤謬」）によるものであろうか（『尊卑分脈』は全成女を公佐の室としており、これならば無理が少ない〔石策 二〇〇六〕。一方、史料的な価値は乏しいものの、『義経記』は奥州に下る途中の義経が駿河国の阿野にあった全成の館に立ち寄ったことを語っていて、右に引用した『吾妻鏡』の記事を裏付ける形になっている）。なお、後のことではあるが、この公佐の兄弟公時の子実宣《さねのぶ》は時政の娘を妻にしており（『明月記』元久元年四月十三日条）、また、公時の妻は吉田経房の娘であった（『尊卑分脈』）。

徳大寺実定と能保・頼朝

さて、一条能保が公武交渉の過程で頼朝に対して最も貢献したのは、文治元年十一月、義経・行家が挙兵し義経に頼朝追討の宣旨が下された際に、院の諮問にあずかった公卿たちの対応に関する詳細な情報を入手したことであろう。これによっていわゆる廟堂改革が実現されたからである。この点について佐伯智広は、この情報の発信源が能保の母方の縁者である内大臣徳大寺（藤原）実定であること、そして、江平望の先駆的な研究を踏まえて〔江平 一九九六〕、能保と徳大寺家の密接な関係を明らかにしている〔佐伯 二〇〇六〕。ここで注目されるのは、徳大寺実定が吉田経房同様に、平治の乱以前、統子内親王の皇后宮職、院号宣下後の上西門院庁において頼朝の上司の地位にあったということで（宮地 一九七九）、頼朝は実定の人となりを知尽していたのであろう。

文治二年（一一八六）二月、能保は妻と娘を伴って鎌倉を後にする。京都に戻った彼は、関東に下った北条時政に代わって京都守護の任に就く。時政の帰東と能保の上洛の理由は、廟堂が粛清され、いわゆる守護地頭設置の勅許によって義経・行家の追討と諸国の治安維持の態勢が整って公武関係が新たな局面を迎えたことに求められよう。また、頼朝は、長く鎌倉に滞在した能保に対し、家族ぐるみの交流を通じて、自らの分身と見なしうるだけの信頼感を抱くことが出来たのであろう。

4 時政の武力

義経の追捕と畿内近国の軍政を担う

ところで、上洛した時政がその困難な任務をこなすためには、公家・寺社との交渉や諸勢力間に惹起された紛争を調停しうる政治力のみならず、在京中の東国武士を統率しうる権威と武的力量が最低限要求されたはずである。

捜索・追捕の対象である義経は頼朝の後継者と目された「御曹司」であり（上横手 二〇〇四）、その出自を背景に、また平泉藤原氏のネットワークを通じて貴族社会に広く人脈を有していた（前川 二〇〇四・野口 二〇〇四）。彼はただの軍事的天才ではなく、院権力を支える、かつての平家のごとき軍事権門に成長を遂げる可能性をはらんだ存在として頼朝から危険視されたのである（元木 二〇〇七・二〇一一）。

「はしがき」でも述べたように、変革の主体として下からの動きを重視する領主制論的武士認識に基づく頼朝挙兵以前の北条氏に対する評価は、「伊豆の小土豪」の枠組みに押さえようとする前提で論じられることが多い。

たとえば、治承四年（一一八〇）八月、伊豆の目代山木兼隆を急襲した際、北条氏の動員した軍勢が数十騎程度にしか過ぎなかったことや、その所領が狭小であることをもって、千葉・三浦などの東国における有力武士団に比較して、北条氏が圧倒的に微弱な存在であることが強調されるのである（八幡　一九六三・細川　二〇一一など）。しかし、山木攻めは奇襲作戦であって、公然と軍勢動員を行い得ないという具体的な条件が無視されているし、そもそも中世前期の武士は生産・流通に規定された都市的な存在であるから、面的な所領の広さをもってその実力を評価することは出来ないのである。伊豆国北条の地が、国衙近傍の水陸交通の要衝であることは第一章で述べたところである。

時政配下の勇士たち

もう一つ、北条氏の武力基盤の脆弱性が指摘される時、その材料とされるのが『吾妻鏡』文治二年三月二十七日条に収められた、時政が京都守護などの職務を「腹心」の「眼代」時定に委ねて東下するに際し、残留して洛中警衛を担うために選定された「勇士」たちの交名《きょうみょう》である。これを以下に掲げよう――北条本による。〔　〕は、御家人制研究会編『吾妻鏡人名索引』（御家人制研究会　一九七一）・安田元久編『吾妻鏡人名綜覧』（一九九八）を参照して比定した人名。

平六傔仗時定〔北条時定〕
の太の平二〔野田平二〕
くはゝらの二郎〔桑原二郎〕
さかを四郎〔坂尾四郎〕
ないとう四郎〔内藤盛高〕
ひたちはう〔常陸房昌明〕
ちうはち〔中八〕
うへはらの九郎〔上原九郎〕
いはなの太郎〔岩名太郎〕
同平三
のいよの五郎太郎〔野与五郎太郎〕
同五郎
とのおかの八郎〔殿岡八郎〕
いや四郎
同六郎
大方十郎
いかの平太〔伊賀平太〕

あつさの新大夫〔梓新大夫〕
やしはらの十郎〔芦原十郎〕
ひせんの江次〔肥前江次〕
同八郎
弥源次《やげんじ》
へいこ二郎
ちうた〔中太〕
たしりの太郎〔田尻太郎〕
同二郎
やわたの六郎〔八幡六郎〕
同三郎
しむらの平三〔志村平三〕
ひろさハの次郎〔広沢次郎〕
同五郎
かうない〔江内〕
平一の三郎
同四郎

同五郎

この交名について、鎌倉北条氏研究の先達である奥富敬之は、「ひたちはう（常陸房）」ら独立した御家人でありながら、源平合戦の間に北条氏の郎等化した〝借り武者〟とも呼びうるものも含まれるとして、その理由を「あまりに時政の兵力が少なすぎたため」に求めている（奥富 一九八三）。しかし、時政は頼朝の代官なのであって、相模の御家人原宗《はらそう》四郎能宗《よしむね》が時政に従って上洛していることからも明らかなように（『吾妻鏡』文治三年八月八日条）、彼が上洛の際に率いた一千余騎は当然私的な武力ではなかったのであり、奥富の見解はこの交名の性格を正当に評価したものとはいえないであろう。

交名筆頭の平六傔仗時定は、第一章第3節で指摘したように、おそらく時政の弟で、北条一族の在京活動を担う存在であったと思われる。「傔仗」の名乗りはその成果にほかならず、この官職に在任中か前任の経歴を示すものである。傔仗は陸奥守や大宰帥・大弐が自ら申任《もうしにん》（推挙による補任）することのできる護衛官である（井上 一九八四・春名 一九九七）。建久元年（一一九〇）、時定が「陸奥所《むつのところ》」の仮名《けみょう》をもって河内国公領の押領を行ったことを後白河院から指弾されているから（『吾妻鏡』同年八月三日条）、陸奥守の傔仗に補されたのかも知れないが、北条氏と平頼盛や吉田（藤原）経房との関係を踏まえると、永万二年（一一六六）に頼盛が大宰大弐となり、慣例を破って現地に赴任した時（この年、時定の年齢は二十三歳）の申任である可能性の方が高いのかも知れない。

次に注目されるのは、この交名に見える名（苗）字を名乗る者が後の北条氏被官の中に多く見られるという事実である（末木 二〇〇二）。このことは、時政が離京に際して、眼代（代官）として留まった時定に、それまで時政の配下にあった御家人の中から、北条氏に由縁が深く、畿内の事情に通じた武士を配属したことを物語り、そのうちの多くの者の子孫が、その後も北条氏に従属するに至ったことを示すものと思われる。

第一章第1節で、佐々木紀一の所説に基づき、時政の祖父が伊勢平氏庶流の出身である時家であることを述べ、時政・時定の畿内支配が、そうした有利性によって実現されたものであることを推測したが、そうであるならば、交名末尾の「伊賀」を名乗る三名は、伊賀国を本拠とする伊勢平氏庶流の者たちではないだろうか。

なお、交名の十三番目に見える「ちうはち」は、伊豆配流中から頼朝に仕えていたことの知られる「中八惟平」であろう（野口 二〇一九）。石橋山合戦の際に以仁王の令旨をつけた旗を掲げていた中四郎惟重はその兄と思われるが、『葛山家譜』（『裾野市史』第二巻 資料編 古代・中世〔一九九五年〕の別冊付録「中世系図集」に収録）に、時定の妻が、この惟重（維重）の姉であったという記事が見える。

5 公家政権から見た時政

好感された時政

以上、文治元年（一一八五）十一月、義経退京の後、北条時政が頼朝の代官として上洛した理由について、彼の中央政界における人脈と頼朝の係累・人脈の重複を明らかにし、また、翌年三月、時政が離京するに際して京都に留め置いた武士たちがどのような存在であったのかを考察することによって検討を加えてみた。

吉田経房は伊豆の国守と在庁官人という関係から時政とは古くからの所縁をもつ存在であったが、それればかりか少年時代の頼朝が統子内親王（皇后宮・上西門院）に皇后宮少進や蔵人として仕えた際の上司でもあった。また、平頼盛は時政の後妻牧の方の従兄弟にあたり、その郎等である中原清業が頼朝挙兵の頃、相模国の目代をつとめていた。一条能保は頼朝の同母妹の夫で、頼朝が統子内親王に祗候していた時に経房のさらに上司であった徳大寺実定の一族から庇護を受ける存在であった（佐伯 二〇〇六）。

時政は、こうした自分や頼朝とゆかりの深い貴族たちと連絡をとりながら、都において権門寺社勢力との交渉に臨み、廟堂粛清やいわゆる守護・地頭問題、さらには京都警衛、畿内近国の軍政などの難題に立ち向かって大きな成果をあげたのである。兵粮米の取り立てや洛中群盗の取り締まりについて頼朝の方針と齟齬する形で、時に独断専行も見られたものの（安田 一九六五・大山 一九八二）、在京中の彼の施策はすこぶる公平無私であったために、時政は公家側の人々からも好感されたようで、後白河院は時政の離京を惜しむこと頻りであったという（『吾妻鏡』文治二年三月二十三日・同二十四日条）。

牧の方の役割

時政が京都の公家政権と交渉を行う際、具体的な局面で大きく貢献したのが妻牧の方であった。すでに杉橋隆夫が明らかにしているように、彼女は京都の貴族社会に大きな人脈をもっていた（杉橋 一九九四）。時政が越前国の地頭職の眼代（代官）に登用した越後介高成は彼女の外甥であり、彼はのちに頼朝からも召出されている（『吾妻鏡』文治二年六月十七日、建久二年十一月十二日、同十二月一日条）。また、時政の在京中、その政治顧問の立場にあり、のちに時政の推挙によって頼朝に仕え、陸奥留守職に補任された右近将監家景《いえかげ》（もと九条大納言光頼の侍）や、初代の大半が平家一門の出身者で占められた鶴岡八幡宮寺二十五坊の供僧のうちの多くが時政の推挙によるものである（貫 一九九六）という事実の背後には、牧の方の姿が垣間見えるように思われるのである。

元木泰雄は、時政が外孫頼家を頼朝の後継とする上で障害となる義経排斥の急先鋒であったことを論じ、その彼が頼朝の代官として上洛を果たしたことで、義経以下源氏一門と同等の立場を確立したことを指摘したが（元木 二〇〇七）、さらに、鎌倉政権内部において時政が政治権力を大きく伸張し、東国の御家人社会において一頭地を抜く存在となりえた背景としては、京都・中央政界に広く人的なネットワークを張りめぐらせて貴族社会に一定の身分的なステイタスを確保していたことが大きいのである。そのことは、時政の嫡子政範（政憲）が、元服後間もない元久元年（一二〇四）四月十二日の除目で一挙に従五位下左馬権助に叙任されたことや、のちに政範の庶兄にあたる時房が将軍実朝に三位昇進を希望して内挙を得たというエピソード（『吾妻鏡』建保二年四月二十七日条）が雄弁に物語っていよう。村井章介は、北条氏が血統的制約から、その実力に見合う制度的地位たる将軍となることが出来なかったことを説くが（村井 一九八四）、しかし、その一方で、北条氏が京下りの文官吏僚たちと協調しながら、将軍家家政機構において最上位の位置（政所別当→執権）を占めることが出来た事情についても顧慮すべきであろう。

北条氏のステイタス

もう半世紀以上も前、永原慶二はその著『源頼朝』（一九五八）の中で、時政には『多少異なる要素』を認めつつも、関東の豪族武士の多くは「自己の所領の保全と拡大という以上に、全国におよぶ政権樹立の方策についてはほとんど見とおしをもちえなかったのではなかろうか」（二四九頁）と述べている。このような理解に連動して、北条時政の身分的位置が論じられる際にしばしば材料とされるのが、時政に会った右大臣九条兼実が、その日記『玉葉』の中で時政を「北条丸」（文治元年十一月二十八日条）と呼び、「近日の珍物か」（同二年三月二十四日条）と評したという話である。しかし、武士で兼実が名前に「丸」をつけて呼ばれたのは時政に限らない。たとえば、鶴岡八幡宮の別当に補されていた玄雲（法眼円暁《えんぎょう》）も「若宮別当丸」（同年十一月十八日条）、頼朝の挙兵以来の御家人である加藤景廉は「加藤次丸」（同三年五月四日条）と呼ばれている。加藤氏は藤原利仁を祖とする「京武者」の家柄であり、景廉も最終的には大夫判官（五位の検非違使）に至っている。「丸」をつけての呼称は、あくまでも最上級の貴族である兼実の視点から発せられていることに注意しなければならないだろう（野口二〇一一）。一方、時政に対する「珍物」の評も、すでに河合正治が述べているように「近ごろ珍しい硬骨漢」というほどの意味として捉えるべきものであろう（河合一九七四）。すべて、北条氏＝伊豆の小土豪という古くからの先入観が史料解釈を濁らせているのである。

時政が上洛した際に拠点を置いた河東「六波羅」の地と北条氏の関係についても、北条氏の出自が先に見た『源平闘諍録』の系図のとおりであるとするならば（第一章第1節）、伊豆の「北条介」に婿入りした伊勢平氏系の時家（時政の祖父）の祖父にあたる盛基が康和二年（一一〇〇）に「珍皇寺西小路西地弐段」を、「宛て賜は」った（『平安遺文』一四四六号）という事実との関連が取り沙汰されることになるだろう。時政は義経から没官された京地の中から「綾小路北、河原東」を配分されているのだが（『吾妻鏡』文治二年七月二十七日条）、在京中の彼が六波羅に宿所を構えた背景には、こうした歴史的な経緯が背景にあったのかも知れない（木内 一九七七・高橋 一九七九・高橋 一九九一）。

さらに、佐々木紀一の紹介した北酒出本『源氏系図』に興福寺の悪僧として有名な信実の母が北条時家女と見えることから（佐々木 一九九九・二〇〇八）、北条氏と奈良仏師とのつながりの機縁も想定されてくる（瀬谷 二〇一〇・二〇一一）。決定的な史料は見つからないが、頼朝挙兵以前の北条氏と京都・畿内近国との深いつながりを推測させる材料は少なからぬものがあるといえるのである。

第五章　内乱期・頼朝政権下の時政

1　伊豆から鎌倉、そして京へ

治承四年八月の挙兵から奥羽平定に至るまでの戦時体制下において、北条時政の果たした特筆すべき役割としては、以下の事実が挙げられるであろう（巻末の年譜参照）。

敗戦からの再起

治承四年（一一八〇）　八月　伊豆目代山木兼隆を襲撃。

九～十月　安房から甲斐源氏への使者として甲斐に向かい、駿河国黄瀬川で甲斐源氏とともに頼朝のもとに参陣する。

元暦元年（一一八四）　三月　土佐国の大名国信・国元・助光入道に対し、頼朝の仰せにより、同心

坂東武士団の分布と頼朝の進路
治承四年（1180）『吾妻鏡』による。

合力して平家を討つことを下知する。
文治元年（一一八五）十一月~同二年三月　上洛して源義経・行家追討の院宣を受け、畿内近国の軍事・警察活動と公武交渉にあたる。

伊豆目代の襲撃は成功を収めたものの、緒戦で時政は子息の三郎宗時（義時の兄で、おそらくこの時の嫡子）を失っている。宗時は頼朝軍の背後から迫った伊東祐親の軍に囲まれてしまい平井紀六に射殺されたのである。彼の墓所は伊豆国桑原郷にあり、建仁二年（一二〇二）六月、夢想の告を得た時政は鎌倉から伊豆北条に下って宗時の供養を行っている。

石橋山の敗戦後、房総半島に脱出して後、時政が頼朝の軍を離れて甲斐に向かい、武田・一条らの甲斐源氏一族を伴って頼朝のもとに参向したという話は甲斐源氏が当初から頼朝に従う存在であったことを主張するために『吾妻鏡』編纂時に捏造された話のようにも思われるが、時政が諸方にネットワークをもち、駿河の大岡氏とも姻戚関係を結んでいたことを考慮するとあながち否定することは出来ない。また、土佐国の大名に下知状を下していることについては単に頼朝の指示を受けたことによるだけではなく、彼自身が土佐国の武士を組織しうる条件を有する存在であったことも指摘されている（上杉　一九九九）。時政は伊豆で編成した水軍力をもって瀬戸内海支配にも大きく関わっていた形跡が見られ、内乱期の早い段階から伊予の河野通信が頼朝に従い、時政の娘を妻としていることにも注目すべきであろう（高尾　一九七二・石野　一九八九）。

京都を守り、「近国」の地頭をつとめる

内乱期における時政の活動のうち、最も重要なのは文治元年冬から翌年の春までの間、頼朝の代官・京都守護として京都に駐留したことである。その背景については前章で述べたとおりだが、ここでは時政が行った事例を具体的に見ておきたいと思う。

まず、京都周辺に潜伏している平家一門の子息を追捕の上、梟首することや、すでに配流の宣下を受けていながら、それに従わず、しかも義経に同意しているという風聞のある前中将時実（平清盛の義弟として知られる時忠の子）を捜索して在京御家人に召し預けるべきこと頼朝から命じられている（『吾妻鏡』）。

時政は入京直後の十一月二十八日、吉田経房を通して、畿内・山陽・山陰・南海・西海の西国諸国に「国地頭」を設置し、荘園・公領を問わず反別五升の兵粮米を徴収すること、それに田地を知行する権利（勧農権）を院に要請した。この結果、頼朝はすでに押さえていた東海・東山・北陸道に加えて支配領域を拡大したことになるのだが、西国で兵粮米の徴収を行うことについては国司や荘園領主の抵抗が大きかった。そのため、頼朝は譲歩を余儀なくされ、文治二年三月に時政は自らのもつ「近国」七カ国の地頭職を院に返上することになるのだが、その際、勧農権は放棄するものの、兵粮米の徴収は厳正に行い、義経・行家の逮捕に至るまでは惣追捕使（のちの守護に連なる職務）の地位に留まることを伝えている。しかし、頼朝は現実的な対応をとって兵粮米の徴収の停止を命じ、六月に至り、大宰権帥となっていた吉田経房の管轄する鎮西九国を除く三十七カ国の地頭の廃止を奏請したのである（大山 一九七四）。

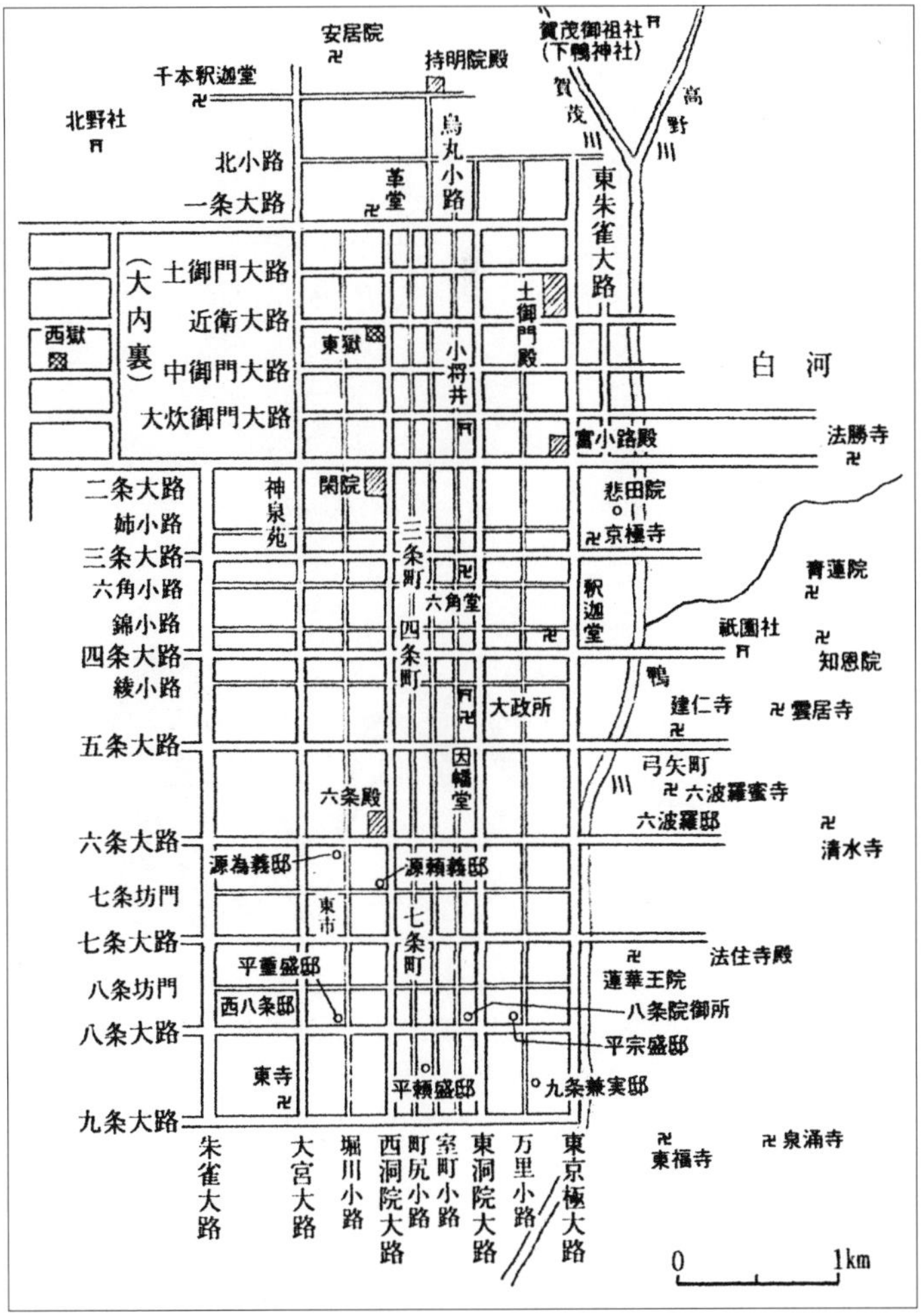

12～13世紀の京都
（五味文彦編『中世を考える　都市の中世』吉川弘文館，1992年，付図・京都市編『京都の歴史』第2巻，1971年，別添地図をベースに作成）

ここに掲げたのは、時政が高野山に対して兵糧米の免除を誓約した書状である（文治元年十二月十五日「北条時政請文」）。祈禱に功績があったことをもって高野山領荘園に対する賦課の免除を約束している。ちなみに、杉橋隆夫はこの文書について、「「国図」とか「抄帳」といった文言、具体的な賦課免除の記録となるべき記録・文書類に精通していたらしい様子は、いかにも在庁官人経験者として国衙行政にも通じた時政像を彷彿とさせる」と述べている（杉橋 二〇二二）。

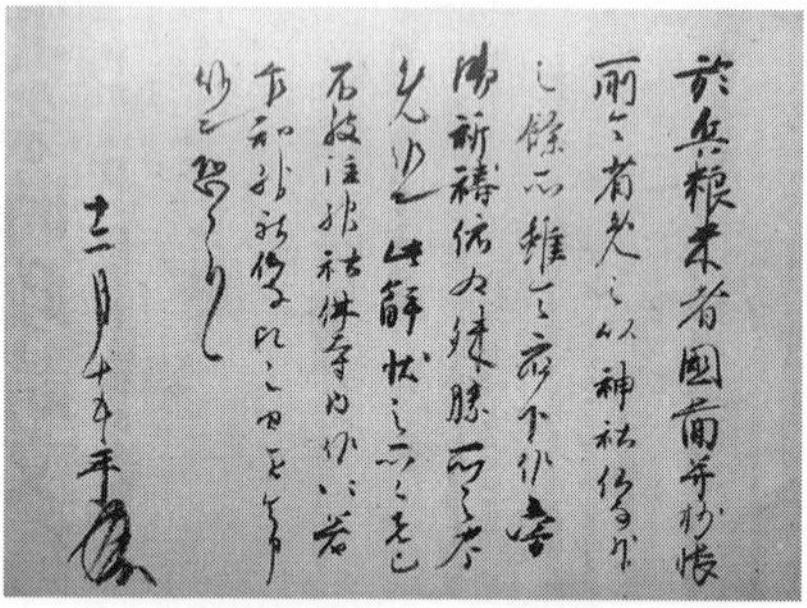

北条時政請文（金剛峯寺蔵）

北条時政花押

右は高野山文書（北条時政請文）文治元年（1185），左は武雄神社文書（関東下知状）元久2年（1205）。

時政の主体性

注目されるのは、上記の兵粮米の問題に見られるように、時政が頼朝の代官であるにもかかわらず、かなり主体的な行動をとっていることである。たとえば、時政は逮捕した「洛中群盗」を検非違使庁に渡さず六条河原で首を刎ねるという強硬手段をとっているが、時政が鎌倉に戻った後、こうしたやり方は頼朝によって否定され、洛中の強盗の沙汰は検非違使庁にゆだねられている。ただ、頼朝と時政の方針が真っ向から対立したものでなかったことは、在京中の時政のブレーンとして活躍した伊沢家景（権大納言に任じた九条光頼に仕えた京侍）が、時政の推挙によって御家人に加えられ、さらに大河兼任《おおかわかねとう》の乱の後、陸奥の留守職に任じられていることからも明らかなことである（大山　一九八二）。

また、文治二年二月、肥前国神崎庄の兵粮米停止について大宰府権帥吉田経房から連絡を受け、大宰府宣に任せて沙汰すべきことを「鎮西奉行人」として現地にあった天野遠景に伝えるなど、京都守護の職責を越えて経房との私的関係によると思われる行動もあった。天野遠景は伊豆を本貫とするが、内舎人の官歴を有することから在京経験の豊富な武士と思われる。したがって、かつて伊豆守に任じたことのある経房とは時政以上に関係の深い存在であったかも知れない。実際、のちに彼が民部丞に任官しているのは、そのとき民部卿であった経房の推挙によるものであった可能性も指摘されている（菊池　一九九八）。時政がその遠景に指示を与えているあたり、伊豆国内の武士に対する時政の立場の上昇を示す事実と言えよう。実際、頼朝死後の段階に至ると遠景は時政の爪牙としての活動を見せるようになるのである。

前述のように、後白河院は時政の鎌倉帰参を惜しんだという。『吾妻鏡』は在京中の時政の行動について「事において賢直、貴賤の美談とする所なり」（文治二年四月二十五日条）とか、後白河院が時政が諸事に公平に対処し、私心を差し挟まなかったことを評価して、関東に下向するにしても「穏便の代官」を差し置いて地頭などの雑事を沙汰するように求めた（同　三月二十四日条）と伝えている。これらは、強ち《あながち》『吾妻鏡』が北条史観で叙述されていることによるだけではないように思える。おそらく、彼の貴族社会に張りめぐらせたネットワークが功を奏したのであろう。頼朝もそこを見込んでいたはずである。

ちなみに、前述したように時政は、弟と見られる時定ら、自らの配下にあった三十五人の武士を京都に残留させて帰東するが、彼らは時政に代わって京都守護となった一条能保の武力を担うこととなる。とくに時政の「眼代」である時定は、大和国宇陀郡で義経の婿を追って自殺させるなど、その活躍には目覚ましいものがあった。

2　政権掌握への布石

河内源氏の姻戚

時政は木曽義仲や平家追討戦には従軍しなかったが、子息の義時が範頼の配下に属して鎮西に渡っている。鎌倉を守っていた時政は何をしていたのだろう。

時政は婿の頼朝が「鎌倉殿」として坂東武士団を傘下に収めるに及んで、さらに頼朝との血族としての関係を深める策をとっている。まず、頼朝の弟（義経の同母兄）で挙兵直後、まっさきに頼朝のもとに参考した全成（幼名今若《いまわか》）を婿に迎えている。その具体的な時期は不明だが、全成の参向は頼朝が千葉氏をはじめとする房総の勢力を従えて、武蔵進軍を前に下総国鷺沼（千葉県習志野市）に滞陣していた治承四年（一一八〇）秋のことであるから、おそらくその直後であろう。全成の妻になったのは政子の妹で、のちに実朝の乳母となり「阿波局」と呼ばれた人である。彼女が鎌倉政権成立後の権力闘争の中、梶原景時や比企能員が失脚・排除される際に北条氏の立場から重要な一役を演じることになるのは後述のとおりである。

養和元年（一一八一）二月、時政はもう一人の別の娘を、河内源氏の一族で頼朝にとっては母方の従兄弟（または従姉妹の子）にあたる足利義兼に配している。

そして翌年、時政は頼朝の子息の外祖父という立場を得ることとなる。三月、頼朝は政子の安産を祈願して鶴岡八幡宮の参道に段葛《だんかずら》の構築をはかり、自ら土石を運んだが、時政もこれに加わっている。八月十二日、政子は男子を出産。二代目の鎌倉殿となる頼家の誕生である。この日、武蔵の有力御家人河越重頼の妻（頼朝の乳母比企尼の娘）が比企谷《ひきがやつ》の産所（比企能員亭）に参上して乳付を行っている。誕生後の夜儀は有力御家人の沙汰によったが、三夜は小山朝政、五夜は上総広常、七夜は千葉常胤がつとめ、時政は外祖父であるにもかかわらず九夜に行っている。この段階における時政の鎌倉政権内の位置をうかがい知れよう。しかし、頼朝との私的・家族的関係という点において時政の立場はかなり強かったようである。第三章第2節で述べた、この年の十一月に起きた「亀の前事件」における時政の態度を思い出してもらいたい。時政が妻牧の方の兄弟に対する頼朝の仕打ちに腹を立てて伊豆に引き揚げてしまった件である。

時政がいつ鎌倉に戻ってきたのかは、『吾妻鏡』の寿永二年（一一八三）の部分が欠落しているので不明とせざるを得ないが、この年の十月に平頼盛が鎌倉に下向すると、鎌倉政権中枢における彼の立場はさらに高まったと思われる。それはひとえに頼盛と親族関係にある妻牧の方の存在に負うものであった。文治元年（一一八五）五月、壇ノ浦の合戦に敗れ、捕虜となった平家の総帥宗盛が関東に下された際にはその身柄を受け取る役を果たし、さらに十一月、義経退去後の公武折衝という重大な任務を担って上洛したのもそのためであろう。

義経を追い、武蔵進出の糸口を得る

時政がこの難事を担って上洛した背景には、がんらい頼朝の後継者と目されていた義経を排除・追討することに彼が積極的であったことによる可能性が高いことはすでに述べたところだが、この年、政子所生の男子（のちの頼家、以下頼家と記す）が、この世のものとなったことを示す三歳という境界年齢をこえたことも思い起こされる。時政はたしかに次の「鎌倉殿」の外祖父としての立場を自覚して鎌倉政権の中枢を掌握する意志を固めたのであろう。

義経の排斥には副産物が伴った。それは義経を婿に迎えていた河越重頼が滅亡したことである。重頼は武蔵国の在地武士団の中では「高家」と称された秩父平氏（桓武平氏良文流）の一員で河越庄を本拠とするが、平家政権に接近して武蔵国の在庁官人を統べる留守所惣検校職を得て、その嫡宗としての地位を確立するに至っていた。頼朝が挙兵した際には、いったん敵対して相模の三浦氏を攻撃したものの、頼朝が房総半島から武蔵に軍を進めた際に一族の畠山重忠らとともに服属したものである（岡田 二〇〇三）。重頼の妻が頼朝の乳母を務め、伊豆配流中も援助を惜しまなかった比企尼の娘であった関係から、頼朝は義経を彼の婿に選んだのであった。重頼が義経に連座して誅せられたことによって、武蔵国留守所検校職は畠山重忠の手にうつったが、重頼の妻は後家として河越庄の地頭職を継承したし、国内の比企郡を本領とする比企能員は頼家の乳母夫として国内における地位を大きく向上させることになる。すなわち、武蔵国においては義経の失脚に伴って、その後ろ盾となるはずだった河越氏が勢力を失い、代わりに頼家の乳母の家となった比企氏が台頭することになったのである。頼家の外祖父として権力の伸長を企図する時政にとっては痛し痒しの事態が展開したことになろう。時政が比企氏を排除する動きを明確にするのは、頼朝死後のことであるが、北条氏が武蔵進出を課題とする前提はこの段階から用意されたのである。

伊豆・駿河の分国化

平家打倒の挙兵が成功し、鎌倉に政権が樹立されたことに伴って、時政の所領も本貫地である伊豆国内のみならず周辺の駿河・相模などに拡大していったはずである。在京中、畿内近国に多くの所領を獲得したことも言うまでもない。

駿河への進出は、時政の妻牧の方の実家の本拠地が伊豆との国境に近い大岡庄であったことも好条件となったはずである。この国は治承四年（一一八〇）の富士川の合戦の後、実質的に甲斐源氏の武田信義の実力支配下にあったが、元暦元年（一一八四）六月、三河・武蔵と並んで頼朝の知行国となるに及び、たとえば、かつて当国の知行国主平宗盛―国守平惟時の目代として源氏勢力追討の一翼を担った橘遠茂《とおもち》の子の為茂が時政の計らいで囚人の身から解放されて富士郡田所職を賜るなどの事例からうかがえるように、時政がその国務沙汰を担うようになり、以後、鎌倉末に至るまで、この国は伊豆とともに北条氏の分国のような位置を占めることとなる（伊藤 二〇一〇）。

源頼朝による列島の軍事支配圏拡大は文治五〜六年（一一八九〜九〇）の平泉藤原氏の滅亡と大河兼任の乱の鎮圧によって達せられることとなる。藤原泰衡《やすひら》の征討に際し、時政は子息の義時・時連《ときつら》とともに、頼朝の直属軍に従っているが、特別な功績はなかったようで、戦後の恩賞にもあずかっていない。むしろ、妻の一族である牧政親が泰衡との関係を疑われ、その身を預かるような負い目を蒙っている。一方、『吾妻鏡』は伊豆北条の願成就院《がんじょうじゅいん》の造立について、時政が「奥州征伐事」を祈願するためであったと記している（文治五年六月六日条）。しかし、願成就院はもともと北条氏の居館に付属する持仏堂が発展したものと見られ、ここに伝えられている不動明王・毘沙門天像は、その胎内から発見された五輪塔形木札によって文治二年に時政を檀越として、運慶によって造られたことが分かるので（秋山 一九九七・水野 山本 二〇一四）、時政の奥羽征討の意志については割り引いて評価する必要があるだろう。

願成就院の不動明王立像・毘沙門天立像と胎内から発見された五輪塔形木札

3 建久四年曾我事件と時政

建久四年（一一九三）五月、源頼朝は富士の裾野で巻狩を行った。ここで頼家は見事に鹿を射留めたが、これは「鎌倉殿」の資格を受け継ぐものとして山神に祝福されたことを意味し、これは同時に頼家の成人式でもあり、いわゆる「鎌倉幕府」の首長の世襲が体制的確立を示すものでもあった（坂井 二〇一四a・伊藤 二〇一八a）。その際に起こったのが曾我兄弟の仇討ち事件である。その顚末は『曾我物語』に伝えられて広く人口に膾炙し、日本三大仇討ちの第一に数えられるに至っているから、細かい説明は要しないと思う。富士野に宿営していた頼朝の側近にあった工藤祐経《すけつね》が、彼を父河津祐通《すけみち》（祐泰《すけやす》とも）の仇と狙う曾我十郎・五郎の兄弟によって討ち取られたのである。

曾我兄弟の仇討ち

工藤祐経は頼朝が挙兵した当時、伊豆で最有力の武士団を構成していた伊東祐親の一族で、少年の頃から在京して大宮（近衛・二条天皇の后であった藤原多子）に仕えながら後白河院の武者所に祗候し、また平重盛に見参するなど京武者として活動し、寿永二年（一一八三）七月の平家都落ち後の頃に鎌倉に下ったらしい。彼が上洛する以前に伊豆に流されてきた頼朝とは知己の関係にあったと思われ、また京都権門とのつながりのみならず、手跡にすぐれ、和歌にも通じていたことから頼朝の寵臣となって、頼朝に敵対した伊東祐親の旧領を継承し、在京奉公の実績の上に、官途も左衛門尉に至っていた。

北条時政黒幕説

この仇討ち事件の黒幕を北条時政に求める説は江戸時代から行われているが、近代に至って「法制史」という新しい学問分野を切り開いた三浦周行（一八七一―一九三一）は、一九一六年に刊行された『歴史と人物』（東亜堂書房）に収録した「曾我兄弟と北条時政」で、つぎのように、この論を展開している。南北朝期に成立した『保暦間記』に曾我兄弟が頼朝をも標的にしようとしたという記述のあることと、『吾妻鏡』建久元年九月七日条に、曾我五郎が時政のもとで元服して「時致《ときむね》」の諱を得たとあることから、時政が兄弟を背後から操って、自分の功労に報いる気配を見せない頼朝の暗殺を企図したというのである。

その後、この黒幕説については賛否さまざまな見解が提出されており（伊藤 二〇一八b）、曾我兄弟が時政をもターゲットにしていたという説（永井 一九七八）や常陸進出を図ろうとした時政が現地の有力武士下妻広幹《しもづまひろもと》と通謀しつつ頼家をも殺害する計画があっという意見まで飛び出しているが（伊藤 二〇一八a）、ここでは、この段階における時政の立場を踏まえて、二つの点を指摘しておきたい。

まず一つ目は、既定路線であったとはいえ、頼家が頼朝の後継者として確定することは、「鎌倉殿」の舅であることを権力基盤としていた時政にとっては、その地位を比企能員に奪われることになること。二つ目は、頼朝挙兵以前、伊豆において平家と密接な関係をもって北条氏を圧迫する存在であった伊東祐親を滅亡に追い込み、伊豆国における覇権を約束されていたにもかかわらず、闕所地は同族に給与されるという慣習も手伝って祐親の遺領が祐経に与えられてしまったことへの不満を抱いていたと考えられることである。この二点は客観的にみとめられる事実であろう。とすれば、頼朝を失って、政権内において自らの最も重要なよりどころになっている「鎌倉殿の舅」の地位をみすみす手放すわけにはいかないからその殺害を企てるわけはない。しかし、時政にとって在地支配において競合する祐経の存在は何とも疎ましかったに違いない。そして、反乱軍からスタートした頼朝の政権樹立に命を賭してきた東国武士たちにも京都から下って武功もないのに頼朝の側近に成り上がった祐経に対する反感があり、時政はこれを敏感に感じとっていたのかも知れない（『吾妻鏡』・伊藤 二〇一八c）。

この事件の余波として、六月に至って常陸《ひたち》国で守護の八田知家が同国の在庁として勢力を誇っていた多気義幹《たけよしもと》を失脚させ、十二月に至って義幹の実弟で「悪権守」と呼ばれた有力者下妻弘幹（広幹）が北条時政に宿意を抱いていたことを理由に梟首されるという事件（いわゆる「常陸の政変」）が発生しているが、坂井孝一はこれを、鎌倉政権に非協力的な態度をとる義幹ら常陸平氏の勢力削減を目的とした頼朝と八田知家による謀略と捉え、これに時政も関わっていた可能性のあることを指摘している（坂井 二〇一四b）。

さらに八月には頼朝の弟で義経とともに木曽義仲や平家追討に活躍した三河守範頼の粛清事件が発生する。富士の狩り場で頼朝が討たれたという誤報が鎌倉に届き、留守をしていた範頼が政子を慰めて「範頼佐テ候ヘハ、御代何事カ候ヘキ」と言ったこと（『保暦間記』）や、その後、範頼の家人で武芸にすぐれた当麻太郎が頼朝の寝所の床下に臥しているのを発見されたこと（『吾妻鏡』十日条）から頼朝の疑念を招いたのだという。これによって、範頼は伊豆、当麻は薩摩に流されることになり、それを知った範頼の家人である橘太左衛門尉（公忠）らが武装して鎌倉の浜の宿館に立てこもったので、結城朝光・梶原景時らを遣わして退散させるという事態を招いた。結局範頼は伊豆で殺されることになるのだが、その伊豆下向直後に縁坐として曾我兄弟の同腹の兄弟である京小次郎なる者が誅殺されている。いずれにしても、この曾我兄弟の仇討ち事件には謎が多く、挙兵以来の功臣であるにもかかわらず、当時不遇な状況に置かれていた老将大庭景能・岡崎義実、あるいは土肥実平らを巻き込んだクーデターとする説などもあって興味は尽きない（伊藤 二〇一八a）。

範頼の死は頼朝の後継者候補の一角が崩れたことを意味するが、範頼の妻は比企尼の嫡女丹後内侍と安達盛長の間に生まれた娘であったから、比企氏にとっては痛手となったという見方も出来るが、しかし北条時政が実朝を擁立するまでのつなぎとするために範頼を擁立しようとしていたという見方（伊藤 二〇一八a）も否定できず、頼家の立場を脅かす存在が消えたということの方に意味を見出したのであろう。

第六章　頼朝死後の時政

1　梶原景時の排斥

十三人の合議制

時政がいかに有能な人物であり、中央権門との人的ネットワークを有していようとも、彼の政治権力の究極は「頼朝の妻の父」であることにあった。正治元年（一一九九）正月、その頼朝が死んだのである。自分より九歳も若い「鎌倉殿」の死は時政にとっては予想外のことであっただろう。頼朝の嫡子頼家は彼の外孫とはいえ、すでにその乳母の家である比企氏と一体の関係にあった。前年、頼家は比企能員（比企尼の甥）の娘（若狭局）との間に男子（一幡）をもうけていたから、将来、彼の立場は能員に取って代わられることが予想されるのである。

正治元年（一一九九）四月、頼朝の死に対応して鎌倉政権は頼家を補佐する形で北条時政・義時父子の主導のもと、東国を基盤とする有力武士と鎌倉殿の側近官僚、あわせて十三人による合議制をもって頼家を補佐する態勢を整えた。その顔ぶれを『吾妻鏡』の表記に従って記すと以下のとおりである。

北条殿（北条時政）
同四郎主（北条義時）
兵庫頭広元朝臣（中原〔大江〕広元）
大夫属入道善信（三善康信）
掃部頭親能（中原親能。広元の兄で在京）
三浦介義澄
八田右衛門尉知家（院北面に祗候した宇都宮朝綱の兄弟）
和田左衛門尉義盛
比企右衛門尉能員
藤九郎入道蓮西（安達盛長）
足立左衛門尉遠元
梶原平三景時
民部大夫行政（二階堂行政）

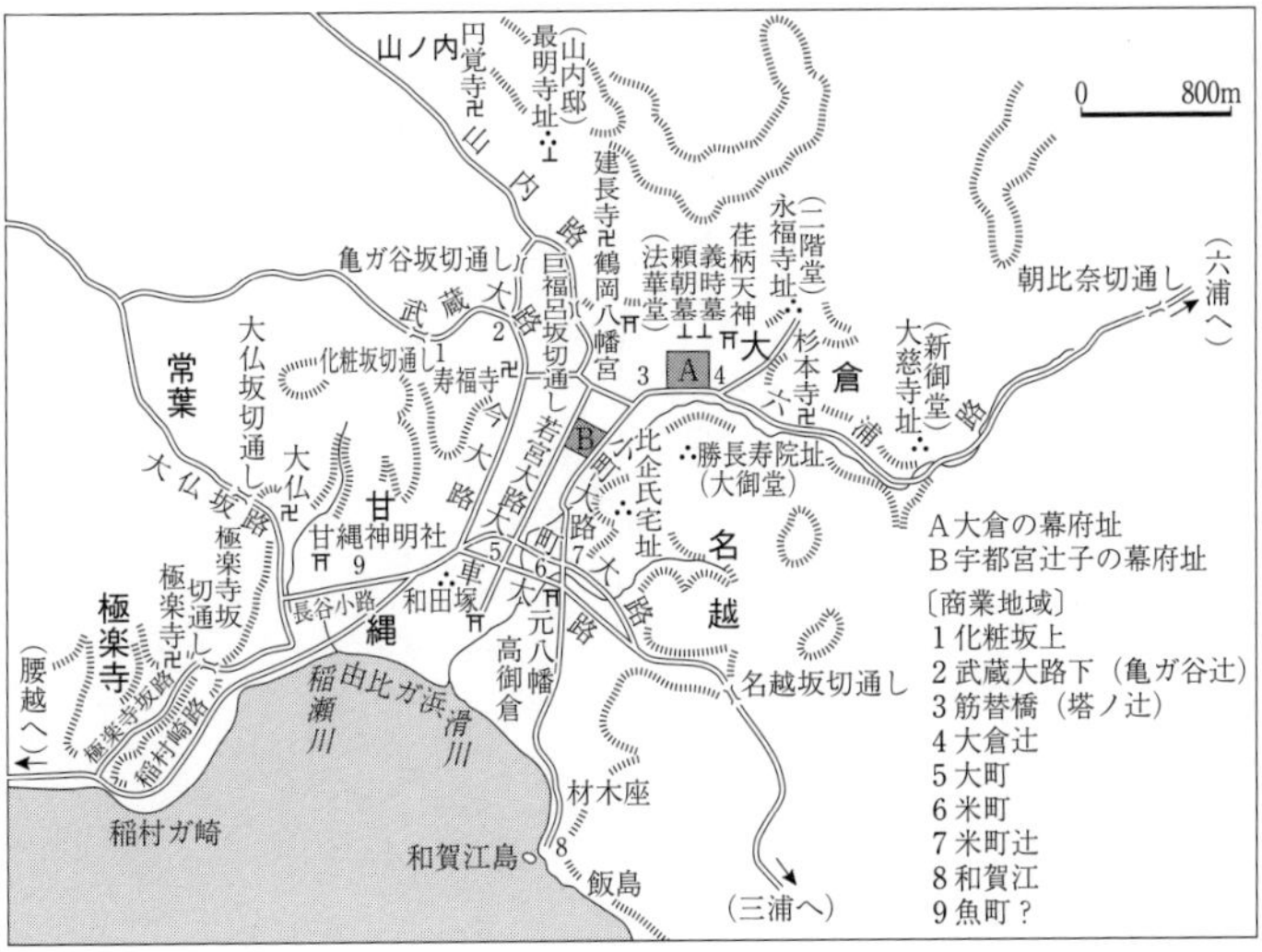

鎌倉

この十三人については三浦義澄ら東国生え抜きの有力御家人と中原（大江）広元・三善康信・中原親能・二階堂（藤原）行政ら京下りの文筆吏僚層によって構成されたものと理解されているが、要するに公卿である鎌倉殿と空間を共有できる諸大夫（四位～五位の位階に至り得る者）ないしはそれに準ずる身分を有する御家人とその一族と考えた方がスッキリする。これは時政の孫の泰時の時代に設置された評定衆にもあてはまることで、そもそも鎌倉幕府が軍事警察を担う権門公卿家の家政機関であることを忘れてはならないのである。

東国武士といっても、足立遠元《とおもと》は父の遠兼が京武者の出身で、鳥羽院政期に武蔵に下った人物で、遠元の娘は院の近臣である藤原光能の妻になっており、本人も頼朝挙兵以前から右馬允の官途に就き、鎌倉政権に公文所（政所の前身）が創設されると、その寄人に連なって吏僚としての役割を果たしているのである（菊池 二〇一七）。梶原景時も頼朝挙兵以前から有力権門である徳大寺家に祗候しており、彼の子息景季《かげすえ》はすでに左衛門尉に任官していた。ここに時政・義時父子が顔をそろえているが、頼朝の「後家」として強い発言権をもつ政子も加わって北条氏の政治的地位の高さは認められるものの、未だ政治の主導権を握るほどの立場を築くには至っていなかった。

ちなみに、頼朝も将来における北条氏と比企氏の競合は予想するところがあったのであろう。比企氏の一族で元暦元年（一一八四）正月の木曽（源）義仲滅亡後、北陸道勧農使をつとめ、さらに、京都守護一条能保のもとで畿内近国の治安警察の役を担った朝宗（比企藤内）の娘を義時の妻に配している。建久三年（一一九二）九月のことである。彼女は「姫前《ひめのまえ》」と称し、将軍御所に仕える「権威無双」の女房であったという。『吾妻鏡』は、義時が彼女の美麗に心を奪われ、それを知った頼朝が離別しないことを約した起請文を書かせた上で嫁取りを認めたという逸話を伝える。朝宗は比企尼の夫であった比企掃部允の弟と考えられ（石井 一九九〇）、平家全盛期に京都で内舎人に補任されたことの知られる京武者出身の武士であった。掃部允自身も、頼朝の乳母であった妻が流人となった頼朝を援助する便宜を図るために、武蔵国比企郡の郡司職を得て下向した京侍であったから、比企氏はその出自や階層において北条氏と共通する存在といえる。比企氏は武蔵地着きの武士ではなく、平治の乱の後、掃部允夫妻が下向してから成立したことを確認しておきたい。

梶原景時の粛清

一方、頼家の側近として絶大な権力を振るった存在として侍所別当の地位にあった梶原景時がいた。

彼は相模国鎌倉郡梶原郷を本拠とする武士であるが、徳大寺実定（頼朝が上西門院に仕えていた時、その別当をつとめていた）に仕えた在京経験が豊富な人物であった。その上、思慮深く弁舌をよくしたので、頼朝から「一ノ郎等」（『愚管抄』第六）として重用され、御家人に対する監察官的な役割を担い、平家追討の際には、朝廷側との連絡交渉役を果たしながら、播磨・美作などの惣追捕使をつとめ、とくに徳大寺家の知行国であった美作では、その目代も兼務するような能吏としての側面を有する存在であった。当時、景時は侍所の所司であったが、このような過程で西国武士の統括・管理を担う立場を固め、別当の和田義盛と並立する地位を固めていったものと見られる（滑川 二〇一四）。しかし、『吾妻鏡』は彼を文才によって頼朝に取り入った狡猾な人物と受け取られるように描いており、後世の物語類や演劇において義経を頼朝に讒言《ざんげん》した悪役とされたことは周知のとおりである。後世の不当な評価に基づく陰湿なイメージが彼を取り巻いている（山本 一九九八）。

この嫌われ者の景時は頼朝の死によって立場を失い、頼家に同僚である結城朝光（有力御家人小山氏の一族で、頼朝の乳兄弟）に謀反心のあることを告げ口したのを女房の阿波局（北条時政の娘・政子の妹）に聞かれ、そのことから三浦義村ら御家人たちの弾劾を受け、弁明の甲斐もなく鎌倉を追われ、源氏の一族である武田有義を擁立して鎌倉に対抗し、自らは鎮西支配の公権を朝廷に求める目的で上洛する途中、駿河国で討ち取られたというのが『吾妻鏡』の伝えるところである。

正治二年（一二〇〇）正月、景時は一族とともに相模国一宮の居館を出立した。彼は甲斐源氏の武田有義を大将軍に押し立てると称し、九州の武士たちに対して、朝廷から鎮西管領の宣旨を得るから京都に参集するようにもとめ、京都ではこれに呼応するかのように、内裏あるいは仙洞御所で五壇御修法（五大尊ノ法）が修せられたという。しかし、幕府の対応は早く、景時の一行は駿河国清見関（静岡市清水区）の近くで現地の御家人たちの軍勢に行く手を阻まれて討滅されるのである。

カリスマ的な存在であった頼朝には従順だった東国の有力御家人たちも、その独裁権力を引き継ごうとした頼家には不満や反発を隠さなくなり、それは側近の景時に向けられた。景時は京都の貴族からも「鎌倉ノ本躰ノ武士」（『愚管抄』第六）と高く評価されていたのだが、建久二年（一一九一）閏十二月、後ろ盾になっていた有力貴族徳大寺実定が死去したことも彼の立場を悪化させたであろう。また、乳母関係のみならず頼家の外戚としての関係から権力を伸長する比企氏に対して警戒を強めていた北条氏にとって、景時の失脚は阻止すべきことではなかった。

これらの要素が重なったことによって孤立した景時は、結城朝光が頼朝への追慕の情をもって発した言葉を頼家に対する謀反であるかのように讒訴したという理由で御家人たちから糾弾され、ついには鎌倉から追放されることとなる。頼家が景時を守らずに見捨てたことについて、慈円（右大臣藤原兼実の弟）は『愚管抄』（巻第六）に「頼家ガ不覚」と記している。

『吾妻鏡』は景時の讒言について、朝光が「忠臣は二君に仕えず」と述べたことを根拠に頼家に対する不忠を強弁したとするが、これに対して『玉葉』は「孤立していた景時が、鬱憤晴らしに、実朝を主君として頼家を討とうとして準備する動きがあると讒言し、それを知った御家人たちに追及されて立場を失い、鎌倉を追われた」（正治二年正月二日条）と見える。京都に伝えられた伝聞情報ではあるが、当時鎌倉に頼家を廃して実朝を擁立しようとする動きのあったことは、その後の展開から考えても事実であったようである。もちろん、その中心に想定されるのは北条時政である。

景時の弾劾を最初に主導したのは結城朝光と同世代で親しい関係にあった三浦義村であったが、最も積極的に動いたのは義村の叔父で建久三年（一一九三）に侍所別当の地位を所司であった景時に奪われた和田義盛であったことも興味深い。内乱が収束した段階で、幕府儀礼の充実を期していた頼朝は文事的な素養が高く家政的職務に通じている景時を重視したのであろう。景時追放劇の背景には、義盛の妬みのみならず、侍所における義盛と景時の立場の相違が存在したことも想定されるのである（滑川　二〇一四）。

鎌倉殿の外戚として比企氏と競合する立場にあった時政にとって、頼家の側近勢力を構成した梶原氏の消滅は奇貨とするものであったに違いない。次なるターゲットは比企氏そのものである。

梶原景時シンパの追捕

しかし、梶原景時はすでに多くのネットワークを構築していたから、その追放事件はさまざまな余波をもたらした。正月二十四日、鎌倉から使者として上洛した安達親長が朝廷に景時の討伐を報じたその日、加藤次景廉が景時と朋友であったという理由で所領を没収されている。景廉は頼朝挙兵以来の功臣である。翌二十五日には美作守護職以下の景時父子の所領が没収され、弟の刑部丞朝景が時政の北条亭に出頭している。さらに二十六日には、駿河国で景時とともに戦い、傷を負って逃亡していた安房判官代隆重が捕らえられ、二十七日には甲斐から伊沢信光が鎌倉に参上して、鎮西の武士を語らって上洛しようとしていた景時が大将軍に立てようとはかっていた武田有義（信光の兄）が逃亡したことを報じている。

二月二日には源頼朝に祗候していた筑前の御家人勝木七郎則宗が景時の与党として捕らえられ、則宗は景時から朝廷から鎮西管領の宣旨を賜るから、早く京都に来会するよう一族に触れるように命じられたことを述べている。二十日には京都から帰参した安達親長が播磨国の惣追捕使芝原太郎長保を景時の与党として連行してきた。上洛した親長は在京して京都の守護にあたっていた佐々木広綱・後藤基清とともに五条坊門面の景時亭を追捕した際に得た情報によって近江国富山庄で捕らえたのだという。

こうして見ると、景時が平家追討の過程でいかに活躍したのかが分かるが、勝木則宗をはじめ、平家に属して戦ったものの、彼の取りなしで頼朝の御家人に加わった武士も多く存在したようである。その多くは京都に出仕した経歴の明らかな者たちであり、在京活動における知遇がその契機となったことが想定できる。

城長茂・資盛の挙兵

右に述べたように、梶原景時は内乱期に頼朝の代官として活動する中で、戦後処理の一環として、敵対した武士の身柄を預かって庇護を加えた上、御家人に推挙することがあった。したがって、助けられた武士たちは、景時に恩義を感じるとともに、幕府内における彼の立場が自らの状況をダイレクトに規定するものであったから、景時の失脚には敏感に反応したのである。その代表が越後平氏の城長茂《ながもち》（資職《すけもと》）である（高橋 二〇一三）。

長茂は、治承四年（一一八〇）、平家が反乱勢力の討滅をはかるべく諸国の有力豪族を受領に登用する策を用いたとき従五位下越後守に叙任され、養和元年（一一八一）六月、信濃横田河原で木曽義仲と戦ったが大敗を喫した。その後、頼朝に下って梶原景時に預けられ、頼朝の臣下に甘んじることを潔しとしないでいたが、文治五年（一一八九）の奥州合戦に景時の推挙によって従軍。この時、分散していた郎従のうち二百余人もが長茂のもとに参向して頼朝を驚かせ、その勢力を復活しつつあった。

建仁元年（一二〇一）正月二十三日夜、京都に現れた長茂は、軍兵を率いて、鎌倉から派遣されていた有力御家人小山朝政（このとき検非違使左衛門尉＝判官に任じていた）の三条 東洞院《ひがしのとういん》の宿所を襲撃する。しかし、朝政が天皇の行幸に供奉して院御所の二条殿に向かったことを知ると、そこに押し寄せて、「関東」追討の宣旨を要求したが、果たせずに清水坂方面に逐電。その後、大和に逃亡して、

越後城氏略系図

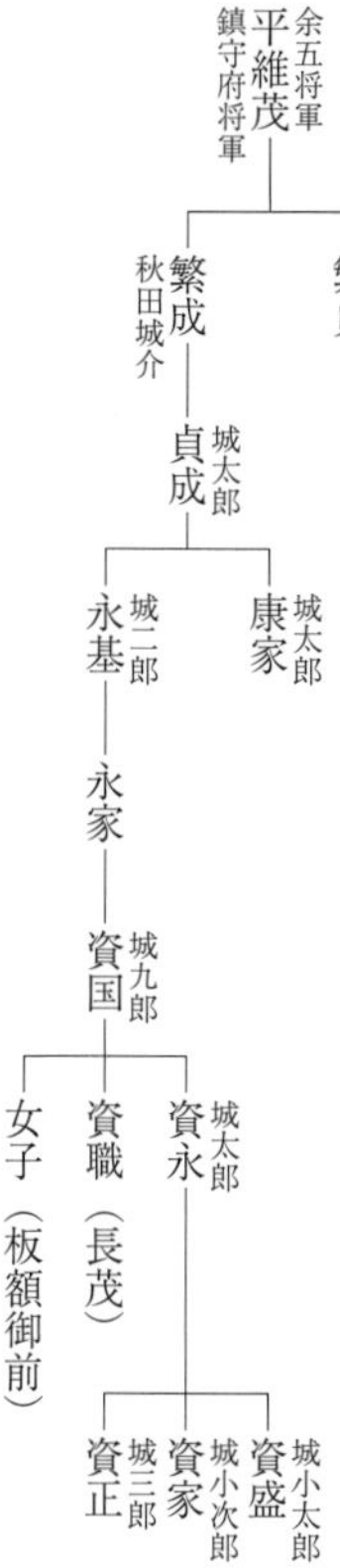

翌月の二十二日に吉野で誅殺されることとなる。その後二十九日には、長茂の余党として本吉冠者隆《たか》衡《ひら》（藤原泰衡の弟）や長茂の甥にあたる資家《すけいえ》・資正《すけまさ》兄弟も討たれている。隆衡（高衡）は、奥州合戦に敗れて投降したのち、大江広元の兄で、当時京都守護をつとめていた中原親能に預けられた後、従三位高倉（藤原）範季《のりすえ》の唐橋《からはし》亭に寄宿していたのだという。してみると、この事件は京都政界とも関係した意外と根深い要素が背後にひかえていたのかも知れない。

長茂らの蹶起は、まさに景時の意志を引き継いだ行動のようにもとれるが、先んじて小山朝政を襲撃したのは、朝政が景時滅亡の端緒をつくった結城朝光の兄で、事件後、景時の帯していた播磨国の守護職を手に入れていたことに対する報復の意味もあったのであろう。

長茂の挙兵は彼の本国である越後の一族にも飛び火した。建仁元年三月頃、同国奥山庄の鳥坂山《とっさかやま》（新潟県胎内市）で彼の甥資盛《すけもり》や姉妹の飯角《はんがく》（板額）らが反鎌倉の兵を挙げたのである。

その背景には、越後平氏（城氏）の本領であった奥山庄に、幕府が相模武士の和田宗実（義盛の弟）を地頭に補していたことへの反発もあった。これに対して、幕府はかつて越後国の守護をつとめ、奥山庄に隣接する加治庄の地頭でもあった佐々木盛綱に命じて城氏の追討に向かわせた。盛綱は籠居していた上野国磯部郷（群馬県安中市）からすぐさま軍勢を発して城氏を攻めた。このとき板額が女性の身でありながら一郭の指揮を担い、強弓をもって活躍したことは後世に語り継がれることとなったが、結局、その奮戦も空しく、この反乱は五月までに鎮圧されている。

2　比企能員の謀殺

比企氏の勢力

梶原景時を失った頼家にとって頼るべき存在は、外戚で乳母夫（乳父）でもあった比企能員であった。第二章の第2節で述べたように、伊豆に流された源頼朝に対して、乳母のうちで最も貢献したのは比企尼であり、彼女の甥で、阿波国の出身である能員が猶子として比企氏の後を継ぎ、やがて、その娘が頼家の妻となって一幡を産み、北条氏から源家外戚の立場を奪いかねない存在となっていたのである。

能員の出身地を阿波国と伝えるのは『愚管抄』であるが、石井進はこれを「安房」の誤りではないかとする。比企氏が安房国に所領をもつ三浦氏と関係することを根拠にした発言である（石井 一九九〇）。しかし、比企尼が頼朝の乳母となったのは京都においてのことであり、彼女の夫も掃部允という朝廷の下級官職にあった。当時、京都には阿波国の粟田氏（平家の有力家人として知られる阿波民部大夫重能が出た）が外記などの官職を得て活動していたことも知られるから（野口 二〇一四）、あえて能員を東国出身と考える必要はあるまい。

また比企尼の夫宗兼の弟と見られる朝宗は、仁安三年（一一六八）十二月に内舎人に任官したことの明らかな人物で（『山槐記』除目部類）、妻は政子の官女越後局、娘も姫前と称する美女で「権威無双の女房」であり、北条義時が彼女に懸想し、頼朝のとりなしでようやく妻に迎えることが出来たという話が『吾妻鏡』に伝えられている。のちに北条氏の有力な庶家となる名越家の祖朝時《ともとき》と極楽寺流の重時は彼女の所生である。

京都に人脈をもっていた朝宗は頼朝の側近として活動したばかりでなく、内乱期には「北陸道勧農使」として北陸道一帯の広域支配を担ったり、頼朝の義兄で北条時政の後をうけて京都守護の任に就いた一条能保のもとで義経とその余党の捜索に従事したことが知られる。彼は建久六年頃に卒去したものと見られるが、その勢力圏は能員に引き継がれていた。能員自身も建久元年（一一九〇）の大河《おおかわ》兼任《かねとう》の乱に際して東山道大将軍をつとめていることからも明らかなように上野・信濃の守護に任じて（信濃では国衙の目代も兼ねる）、比企氏は北関東から北陸道方面に勢力圏を築いていたのである。

ちなみに、比企氏の本拠は、その名字が示すように武蔵国比企郡にあった。したがって周辺の在地武士団もその影響下に置かれることとなる。能員は、武蔵七党の一つ児玉党の一員で比企郡水尾谷《みおのや》郷を本拠とする三尾谷大夫行時の娘を妻としたが（その所生の娘が将軍頼家の妻となって一幡をもうける）、もう一人、上野国渋河保を本拠とする渋河刑部《ぎょうぶ》（丞）兼忠の娘も妻に迎えていたことが知られ（伊藤一九九三）、こうした関係を梃子に在地での勢力拡大を図っていたことがうかがわれる。

武蔵進出をはかる時政

将軍家との家族関係のみならず、東山道から北陸地方にかけて勢力圏を築きあげていく比企氏の存在は、北条時政にとって看過しがたいものがあった。とりわけ目障りだったのは鎌倉の後背をなし、政権の武力基盤ともいえる武蔵国を比企氏が押さえ始めたことである。これには、それまで国内最有力の武士団を構成していた秩父平氏系の畠山・稲毛などの諸家や、足立遠元（平家打倒の挙兵を敢行した以仁王や後白河院の近臣である藤原光能《みつよし》と姻戚関係をもつ）ら、在来の有力武士たちも危機感を募らせたことであろう。ちなみに、北条時政の子時房はこの遠元の女を妻に迎えている（菊池 二〇一七）。

平家政権下において、当国の武士団を統制する立場にあったのは国衙の留守所惣検校職を担った秩父平氏の家督河越重頼であった。頼朝を扶助するために武蔵に下ってきた比企尼は、二女を重頼に嫁がせるという布石を打っている。そして、この二女の所生の娘は当初源頼朝の後継者に擬せられた義経の室となった。また、当初伊豆の伊東祐清（祐親の子）に嫁がせていた三女は頼朝の挙兵によって祐清が出奔し、平家軍に加わって北陸道で討死するに及んで、今度は源氏一族で武蔵守に任じられた平賀義信の妻となった。

足立遠元と以仁王・藤原光能の関係

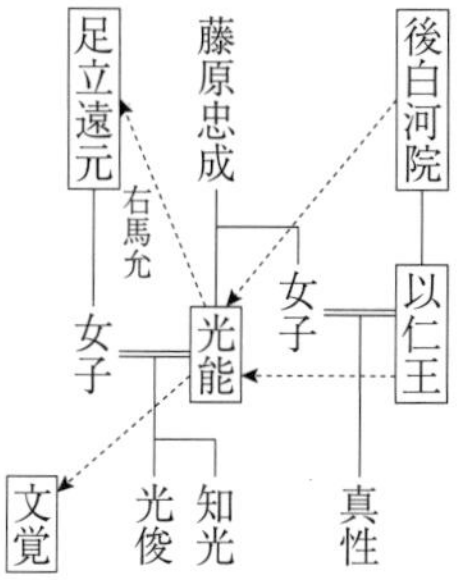

これによって比企氏は国守である平賀義信と国衙の最有力在庁である河越重頼を姻戚として在地に盤石な体制を固めたのだが、文治元年（一一八五）、壇ノ浦に平家を討った義経が頼朝に叛旗を翻したことにより、重頼は連坐して討たれ、秩父平氏の家督と留守所惣検校職は畠山重忠の手に帰することとなった。

こうしたなか時政は娘の一人を重忠に、もう一人を重忠の従兄弟の稲毛重成に嫁がせている。重忠の妻となったのは時政の先妻、重成の妻は牧の方の所生であったらしい（第七章第3節の系図参

比企氏とその係累

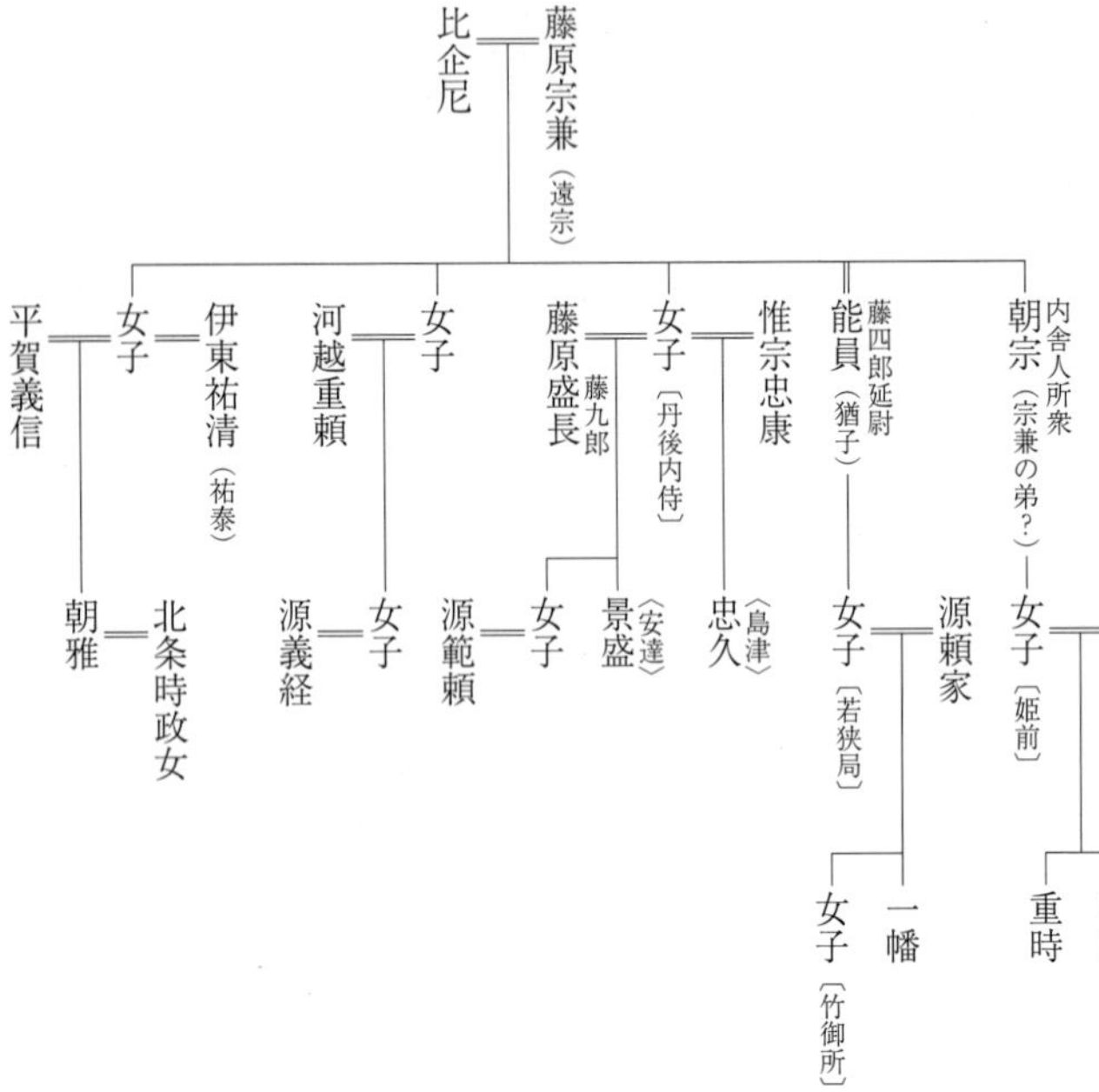

照)。

　正治元年(一一九九)正月に頼朝が亡くなって頼家が鎌倉殿となると、武蔵国において比企能員と周辺の武士団との軋轢はさらに深まった。とくに畠山重忠はその所領である男衾《おぶすま》(小衾)郡が比企郡と隣接していたから、とりわけ緊張をはらむものがあったようだ。

頼家の死

　建仁三年(一二〇三)六月、頼朝の弟で義経には同母兄にあたる阿野全成《ぜんせい》が頼家の命によって討たれた。全成は平治の乱後、醍醐寺で出家を遂げていたが、頼朝の挙兵を知るとこれに参向し、北条時政の娘(政子の妹)を妻に迎え、駿河国阿野庄(静岡県沼津市)にいた。彼が時政の娘(実朝の乳母となり、「阿波局」

と称した）を妻に迎え、北条氏の本拠地に近い阿野庄を領したことから、時政に近い立場にあったことがうかがえるが、突然謀反の嫌疑をかけられて武田信光によって捕えられ、宇都宮朝業《ともなり》に預けられて常陸国に流された後、頼家の命を受けた同国守護の八田知家によって誅殺されたのである。翌月には子息の頼全《らいぜん》も京都で殺されている。

こうして頼家と比企氏による権力の一元化が進行していくことに対して、北条氏は強い危機意識をもつに至った。これには畠山氏など、在地支配において比企氏と競合する御家人たちも同調したことであろう。そんな中、建仁三年（一二〇三）七月、頼家が重病に陥った。時政はこれを比企氏排斥のチャンスと捉えた。八月末に至り、幕府の重臣たちは評議して、頼家亡き後には、その子息である一幡に関東二十八カ国の地頭職と惣守護職を、弟の千幡《せんまん》（のちの実朝）に関西三十八カ国の地頭職を譲り渡すことを決めた。これは明らかに北条氏側勢力による挑発であり、比企氏が不満を示すことは当然予想されるところであった。そうした状況を前提に、九月二日、時政は能員を名越の自邸に招いて謀殺し、ついでその一族を攻め滅ぼしたのである。ちなみに、この時、能員の殺害を実行したのはともに伊豆北条の隣地を本拠とする天野遠景《とおかげ》と仁田《にった》忠常であり（『愚管抄』巻第六）、在地における北条氏と彼らの関係が反映したことが想定されて興味深い。

実朝を将軍に擁立

この時、関白だった近衛《このえ》家実《いえざね》の日記『猪熊関白記』建仁三年九月七日条には、「今朝、院のもとに、去る一日、頼家が日ごろの所労によって薨去した旨が伝えられ、その夜のうちに、十二歳になる同腹の弟が従五位下征夷大将軍に叙任され、院から「実朝」

の名を与えられた。また、二日には、六歳になる頼家の子息とその外祖父にあたる検非違使能員が実朝のために討たれたということだが、後の情報では、能員は討たれたが頼家の子は健在である」と記されている。また、『明月記』(八日条)には実朝に家督継承を認める宣旨が下されたことが見える。

頼家は重病に陥り、政子の計らいによって九月七日に出家を遂げてはいたものの、まだ死んではいない。実朝の後継が手際よく決まっているのは、時政らの計画が京都側をも巻き込んだ周到な手筈によって行われたことを示していよう。

頼家は病状の回復が見られていたにもかかわらず、九月の十日を過ぎた頃に鎌倉追放が決められ、身柄は伊豆の修善寺に護送された。『吾妻鏡』によれば、病状の回復した頼家は能員が討たれたことを知って和田義盛と仁田忠常に時政殺害を命じたが、義盛はこれを時政に告げて身をかわし、忠常は弟たちとともに誅殺される結果となったという。

一方、母とともに窮地を逃れていた一幡も北条義時に見つけ出され、十一月に至って、その郎等によって刺殺される。そして、頼家もまた翌元久元年(一二〇四)七月十八日、幽閉されていた修善寺で惨殺されたのであった。

比企氏を滅ぼし実朝を擁立するという北条時政の計画は、政子・義時や武蔵国に利害関係を有する婿たちとの共同謀議のもとで、周囲には頼家側近と見られていた武士をもスパイとして情報を集めるなど(石井 一九六五)、かなり以前から綿密な計画のもとに進められていたらしく、手回しよく実行に移されたもののようである。ちょうどこの頃、頼朝とともに鎌倉政権の草創に活躍した三浦義澄

（正治二年正月）・安達盛長（同年四月）・千葉常胤（建仁元年三月）ら有力御家人が次々と卒去して、世代交代の時期を迎えていたことも時政の計画を後押ししたものと見られる。

比企氏の滅亡は、その遺領継承という意味でも、北条氏の勢力を格段と拡大させた。能員が守護をつとめた信濃はもとより、比企氏と姻戚関係にあった島津忠久が南九州三国に有していた所領・所職も手に入れて、その後、北条氏領が列島各地に展開するベースも整えられることになったのである。

3　鎌倉幕府初代の「執権」

政所別当となる

正治二年（一二〇〇）四月一日、北条時政は従五位下遠江守に叙任された。これは、上級公卿家としてのステイタスを確立した源氏将軍家の外戚の当主に相応しいものであったが、京官の経歴を有さない彼が、いきなり受領に補せられたのは、文治元年（一一八五）の源義経退京後につとめた京都守護としての実績もさることながら、受領に至る直前の官職（左衛門尉）に任じながら果たせずして卒去した弟時定の﨟《ろう》を襲うことが出来たからであろう。この時代の官位を中世後期以降のように軽く形式的なものと評価することは慎まなければならない。

また、遠江国は内乱期に甲斐源氏の安田義定が占領軍政を敷くのみならず、木曽義仲とともに平家を逐って上洛した功によって国守の地位を得た国であった。義定は頼朝に服した後に誅殺され、国守も交代しているが、こうした経緯から実質的に幕府権力の直接及ぶところであり、その国守となったことは時政の軍事・経済的な基盤をおおいに強化する意味をもったのである。

ちなみに、京下りの吏僚層を除いて諸国の守に幕府（鎌倉殿）の推挙を得られたのは源氏一門に限られており、時政の遠江守就任は彼がそれに準ずる地位を確保したことを意味する。東国武士で時政と同時期（正治二年二月末から元久二年六月末までの間）に受領に任じられたことが知られるのは八田知家の筑後守のみである。彼の場合、源義朝の猶子である上に、そもそも京武者的性格の強い宇都宮氏の一族で、自身も内乱期以前から武者所に祗候し、文治元年（一一八五）には右衛門尉の官について京中夜行の任を担っていたことによるものであった（野口 二〇一三）。

さらに、時政が五位に叙せられたことについて重要なのは、この位階が公卿家（三位以上）に設置される政所の別当に就任するための資格要件であったことである。幕府においても政所は政務機関の中核であって、そこに恒常的地位を占めるには五位（大夫）の位階が求められたのである（杉橋 一九八〇）。

一般に武士は貴族と対立的に捉えられ、幕府の機構も公家とは全く別のもののように理解されている節があるが、武家の棟梁は公卿であるから、その家政機関は京都の上級貴族のそれを踏襲したものになるのは当然のことで、政治的な身分原則として、その居亭において鎌倉殿と同じ空間には五位以上の「諸大夫」身分の者しか祗候できなかったのである。したがって、鎌倉殿の日常空間を占める寝殿の外郭（中門廊の外側）に設けられた侍所の別当には、和田義盛や梶原景時のようなもともと六位クラスの「侍」が就くことができるが、家政機関の中核をなす政所別当は五位以上の位階を有し、

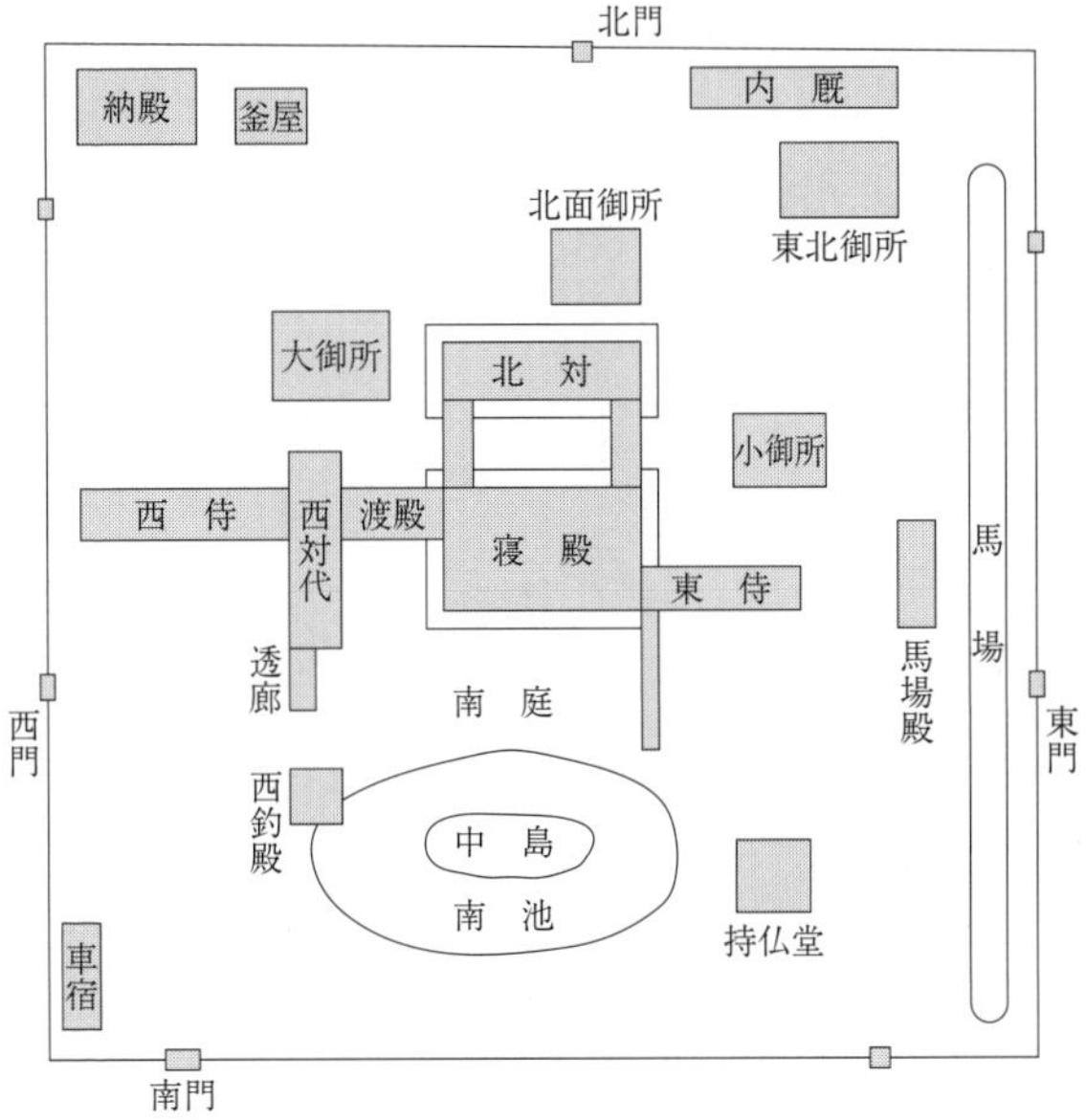

将軍源頼朝亭（鎌倉御所）の概状図

この亭は建久２年（1191）の造営。侍所は西侍に設定され，図の透廊と西釣殿の間が「中門廊」に相当することとなる。

貴族社会の故実にも通じた中原（大江）広元のような京下り吏僚がつとめざるを得なかった。

また、政所の別当は一名ではなく、頼朝の時代には広元と並んで京下りの源邦業（醍醐源氏・後白河院北面衆）や、後に二階堂氏を称して子孫が武士化する藤原行政（主計允）がその任にあたっていた。

建仁三年（一二〇三）九月十日、時政は「鎌倉殿」に擁立した千幡《せんまん》を名越の自邸に迎えた。十月八日に至って、千幡はここで元服し、後鳥羽院から与えられた「実朝」の名を称することとなる。『吾妻鏡』では、千幡（実朝）が政子の邸から名越亭に移動したことを乳母の阿波局が姉の政子に伝えたことにより、実朝は数日後に政子のもとに戻されたと記すが、それは後に時政が実朝を廃して婿の平賀朝雅を将軍に擁立しようとしたこととの整合を図るための曲筆とも考えられ、時政にとっては実朝が自邸で元服を遂げたことで、その立場を周知せしめることができればそれで十分だったはずである。実朝が名越亭に入ったその日に時政が多くの御家人に対し「世上危うき故なり」という理由で所領安堵の書状を下していることがそれを如実に物語っていよう。時政は在京中の武士たちの動向にも気配りを怠らず、これに先立つ九月三日には婿で武蔵守に任じていた平賀朝雅を京都警固のために上洛させていた。

十月九日には将軍家の「政所始め」の儀が行われ、時政は大江広元とともに別当として着座することとなる。源氏将軍家の姻戚として源氏一門に準ぜられ、五位の位と受領の官を手にし、梶原氏・比企氏を倒して幕府内の対抗勢力を排除し、武蔵国や駿河・遠江にも地盤を築いて在地領主としても「大名」と呼ばれるに相応しいステイタスを得ることに成功した時政は、ここに晴れて政所別当となることを得たのである。

「執権」の意味

前述のように政所は公卿家の家政機関であり、この段階では実朝は未だ五位に過ぎなかったから、政所が正式なものになるのは承元三年（一二〇九）、実朝が従三位に叙せられて以後のことであった。このこともあって、幕府の決定伝達は多くの場合、時政の単署による下知状によって行われているが、これは時政が大江広元にかわって政所運営の実質的責任者としての地位を確立したことを示すものといえる。この時代、院政の敷かれた朝廷では、複数の院司別当のうち「器量の者」がとくに「執権」と呼ばれるようになる。これと同様に時政も関東将軍家の「執権別当」の地位に就いたことになろう（杉橋 一九八一）。

この段階で、時政が幕府権力の実権を掌握していたことは幕府の恒例行事である歳首垸飯《さいしゅおうばん》に見ることができる。これは年頭に有力な御家人が鎌倉殿に饗膳を献ずる儀礼で、源頼朝が鎌倉に本拠を定めた翌年の養和元年（一一八一）から始まった。正月の一日から順に御家人が一族や親しい御家人に御剣役などの諸役を委ねる形で沙汰人として勤仕するのであるが、その順番がダイレクトにその主従関係の序列を反映するものとされる。ちなみに、初回以降、一日にこれをつとめたのはほぼ一貫して千葉常胤であったが、頼朝の死んだ翌年の正治二年（一二〇〇）には常胤は二日に後退し、替わって一日は北条時政がつとめているのである。さらに元久二年（一二〇五）の場合、時政のもとで諸役を担ったのは小山朝政・三浦義村・足立遠元といった錚々たる有力御家人であり、時政の威勢が明らかに看取されるのである。

第七章　時政・牧の方の失脚

1　「継母の党」の時政

実朝の縁談と牧の方

元服を遂げて将軍に任じた鎌倉殿源実朝には御台所（正室）の選定が急がれた。まず候補に挙がったのは源氏庶流の有力御家人足利義兼の娘である。義兼の父義康は保元の乱の戦功で蔵人に補されており（須藤 一九九五）、母は熱田大宮司家藤原氏の出身で頼朝の母の姪（『尊卑分脈』）、妻は北条時政の娘（先妻腹）であったから、その娘なら申し分ない。しかし、結局は院近臣坊門信清の娘に決まることとなる。その理由は実朝の京都憧憬に求められがちであるが、義兼の娘も母の実家の熱田大宮司家が在京貴族であるから説明にならない。むしろ、当時の源氏将軍家がすでに貴族社会において、摂関家に準じるほどの家格に到達していたことの反映と見るべきであろう。王朝身分秩序においても圧倒的に高いステイタスを築いていたのである。

牧（大岡）氏とその係累

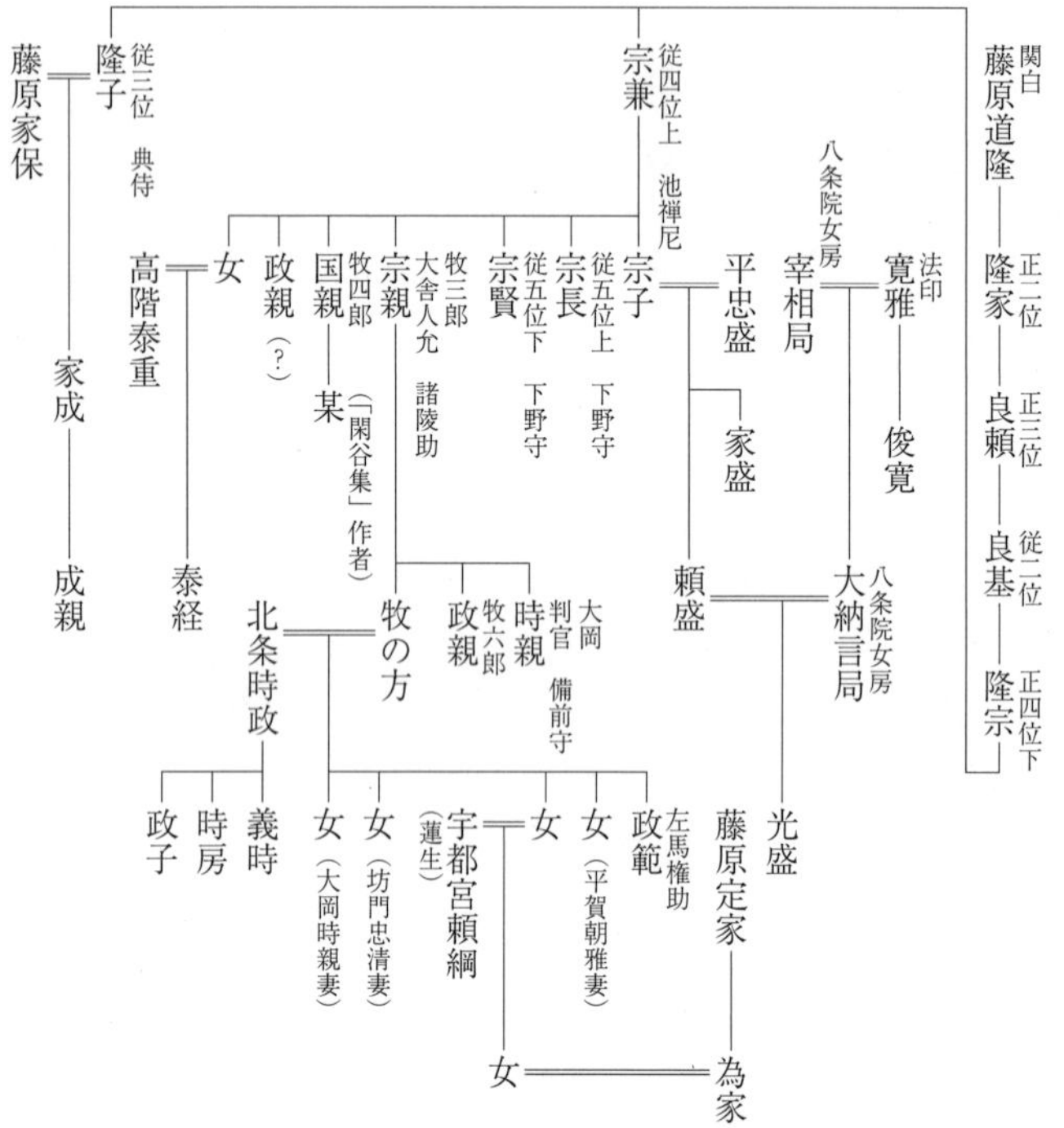

坊門信清は権大納言。すでに娘を後鳥羽の後宮に入れて王家外戚の立場にあった。また信清の嫡子忠清は北条時政の後妻牧の方の生んだ娘を妻にしていたし、その姉にあたる同母の娘も当時京都守護をつとめながら後鳥羽院にも上北面として近侍していた源氏一族の平賀朝雅に嫁いでいたから（終章第1節の表を参照）、北条氏にとっても都合のよい存在であった。

ところで、この結婚の実現に奔走したのは、ほかならぬ牧の方であった。彼女は平家一門の有力者頼盛の母（忠盛の正室）池禅尼（藤原宗子）の姪であったから、京都の貴族社会に大きな人脈をもって

源実朝像（甲斐善光寺蔵）

藤原兼子関係系図

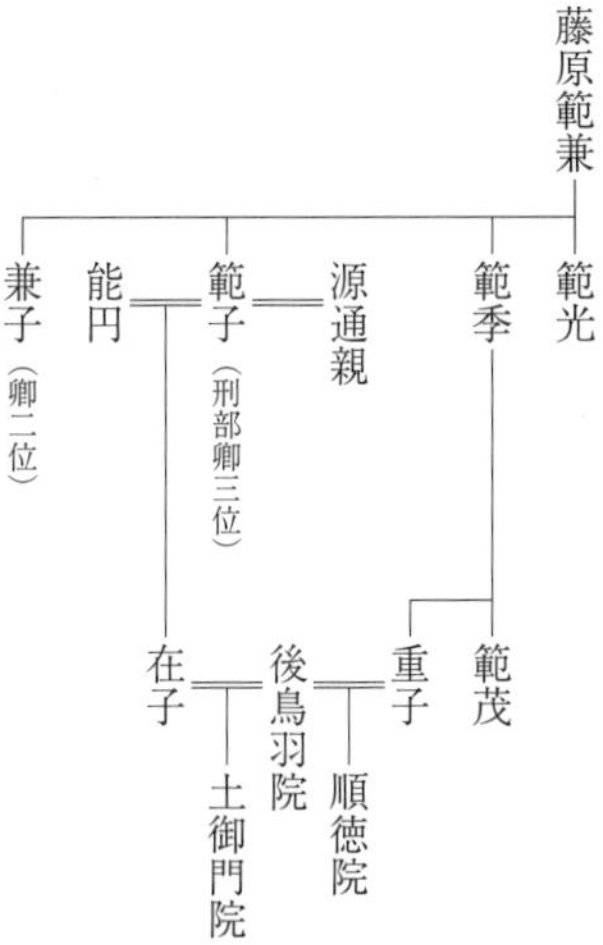

いたのである。これ以前にも、時政が京都守護などとして公家政権と交渉を行った際、彼女の存在が大きく役立ったと思われることは前述の通りである。

　一方、実朝の縁談について京都側で奔走したのも女性であった。刑部卿藤原範兼《のりかね》の娘で「卿局《きょうのつぼね》」、のちに三位さらに二位に至ったので「卿二（三）位」と呼ばれた兼子である。彼女の姉の範子は後鳥羽院の乳母で、源通親の妻となり、前夫との間に生んだ在子を通親の養女として後鳥羽の後宮に入れ、建久六年（一一九五）、為仁（土御門天皇）を産んでいた。牧の方所生の娘は坊門忠清（信清の子）に嫁いでいたから、その縁をとおして兼子との接触を図ったものと見られる。

　兼子は後鳥羽の正式な乳母ではなかったが、もともと院の周辺に広くて深い縁戚関係を有していただけでなく、自ら積極的に院近臣の主要な人物を自己の周辺に編成して「権門女房」と呼ばれるほどの権勢をほこっていたから（五味 一九八五）、交渉相手としてはうってつけの存在であった。

嫁迎えと嫡子政範の死

元久元年（一二〇四）十月十四日、実朝の御台所となる坊門信清の娘を迎えるため、鎌倉から若い御家人たちが都に向かった。その人選は牧の方の意向によって行われ、彼らは「容儀華麗之壮士」であったという。この中には彼女の生んだただ一人の男子も含まれていた。政範である。彼は幼児の頃から長く在京していたらしく、弱冠十六歳ながら、すでに従五位下左馬権助の官位を帯していたから、一行の上首の立場を占めたはずである。ところが、政範は上洛の途上で病にかかり、京都には到着したものの十一月五日に至って死去してしまう。この知らせは十三日に鎌倉に届き、時政夫妻の悲嘆はさらに比べるものがないほどであったという。政範は北条家の嫡子として将来を嘱望されていたのであろう。時政・牧の方はすでに従五位下相模守に任じていた義時に鎌倉での活動を任せ、この政範に北条氏の在京活動を委ねる腹づもりであったのかも知れない（なお、『業資王記』〔神祇伯業資王の日記〕の十一月三日条には「今夜遠江守時政入洛云々」とあり、政範の上洛に時政が同道したように記している。しかし、この記事の採録された『大日本史料』〔十一月五日条〕は「時政入洛」の部分に「脱アルカ」と傍書する。後考に俟ちたい）。

ちなみに、この政範が左馬権助に補任されたことを記録した『明月記』元久元年（一二〇四）四月十三日条には、政範について、割書で「平時政子、実宣中将妻兄弟、近代英雄也」とある。彼が北条時政の子で、三条（藤原）実宣の妻の兄弟であることは間違いないのだが、先行研究では、「近代の英雄也」という文言が注目され、政範が将来を嘱望された羽振りのよい存在であるかのように理解されてきた。しかし、当時の「英雄」の意味は、現代のヒーローのようなものではなく、家格の高い貴族を意味するものであるから、この理解には無理があった。近年、山本みなみは、『明月記』写本の検討から、この「近代英雄也」の部分は政範ではなく、「実宣中将」にかかることを明らかにして妄説を正している（山本 二〇一三）。

さて、政範の死であるが、いくつか不審な点がある。『吾妻鏡』には、事々しく「上洛の途上から病気となり、京都到着の後、ついに死去した」と書かれているのだが（元久元年十一月十三日条）、その前夜に京都守護をつとめていた平賀朝雅の六角東洞院第では上洛した一行を迎えて酒宴が開かれ、そこで、畠山重保（重忠の子）が朝雅と諍いを起こしたことや、政範が仏事もないまま死の翌日の六日に「東山辺」に葬られたことも記されており（同 二十日条）、平賀邸での事件と政範の死の関連が疑われるからである。ちなみに、『明月記』（十二月十日条）には「来迎の武士二十人の中、二人死去、馬助、兵衛尉」とあり、「馬助」＝政範以外にもう一人「兵衛尉」某が死んでいることが知られ、二人は平賀邸の事件で同時に殺害された可能性も考えることが出来る。政範が「路次より病悩」というのは『吾妻鏡』編纂時の曲筆である可能性があり、政範は殺害されたのではなかろうか（彦由 二〇〇八）。

2　畠山重忠の討滅

武蔵国をめぐる確執

比企能員亡き後、武蔵国は時政の先妻腹の娘の婿である畠山重忠が国衙を押さえ、後妻・牧の方所生の娘の婿の平賀朝雅が国守となっており、間接的に北条氏の勢力下に置かれていた。さらに建仁三年（一二〇三）十月、平賀朝雅が京都守護として上洛すると、すかさず侍所別当和田義盛の奉行によって武蔵国の御家人たちに対し、「時政に二心を抱いてはならない」という命令が実朝から下され、いよいよ武蔵国は北条氏の強い支配のもとに置かれるようになった。当然これに対する反発が生じたであろう。とくに、在地武士団に対する指揮権を有していた畠山氏にとっては既得権を大きく損なわれる事態であり、しかも国衙の留守所検校職に連動する秩父平氏一族の家督権に対しては同族の中に食指を動かす者もあった。とくに重忠の従兄弟にあたる稲毛重成は時政の後妻腹の娘の婿として重忠に競合する関係にあった。時政の婚姻政策は周到なのである。

こうした状況のもと、前年の京都における喧嘩騒動も加わって時政と畠山重忠の対立は避けて通れない段階に至ったようである。

元久元年（一二〇四）正月二十八日、後鳥羽院に祗候するため水無瀬にいた藤原定家のもとに京から情報がもたらされた。

秩父平氏の一族系図

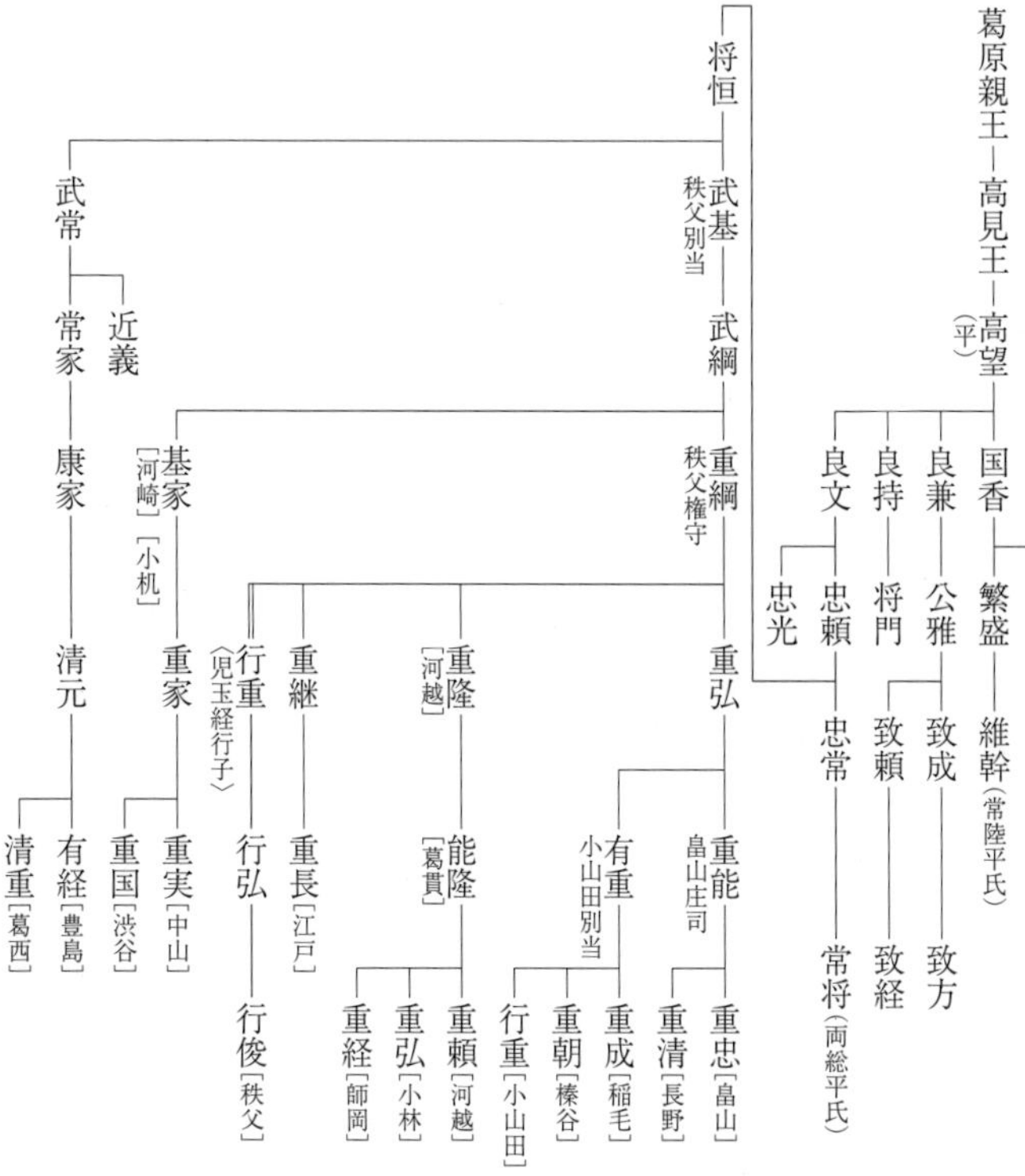
葛原親王
高見王
高望
(平)
国香
良兼
良持
良文
貞盛
繁盛
公雅
将門
忠頼
忠光
維衡
(伊勢平氏)
維幹
(常陸平氏)
致成
致頼
忠常
致方
致経
常将
(両総平氏)
将恒
武基
秩父別当
武綱
重綱
秩父権守
基家
[河崎]
[小机]
重家
重弘
重隆
[河越]
重継
行重
〈児玉経行子〉
重能
畠山庄司
有重
小山田別当
能隆
[葛貫]
重長
[江戸]
行弘
重実
[中山]
重国
[渋谷]
重忠
[畠山]
重清
[長野]
重成
[稲毛]
重朝
[榛谷]
行重
[小山田]
重頼
[河越]
重弘
[小林]
重経
[師岡]
行俊
[秩父]
武常
近義
常家
康家
清元
有経
[豊島]
清重
[葛西]

京より下人ら来たりて云わく、関東乱逆す。時政、庄司次郎が為に敗れて山中に匿れ、広元すでに誅に伏す。このことにより、広元の縁者ら騒動す。京中迷惑し、雑物を運ぶと云々。このことを聞き、左金吾の宿所に向かう。夜前より物忩と雖も、一定の説を聞かず。朝雅らの如きは、当時殊に申すことなしと云々。相次いで御所に参り、陰陽師らを召し、このことを占われ、また神馬を立てらる。漸くこのことを聞くに、全く別事なしと云々。天狗の所為か。(『明月記』元久元年正月二十八日条)

関東で乱逆が起こり、時政が重忠に敗れて山中に隠れ、大江広元も誅殺された。そのために、京に住む広元の縁者たちの間で騒動が生じている、というのである。これは虚報であったが、時政と重忠の対立が京都においてもすでに公然化していたことがうかがえるであろう。

かくして、婿の顔に泥を塗った畠山重保を討ち、あわせて武蔵国を完全に押さえてしまおうとする意図が時政・牧の方のサイドで具体化することになる。そのために利用されたのが重忠の従兄弟にあたる稲毛重成であった。前述のように、彼もまた時政・牧の方の婿であり、秩父家家督の地位に魅力を感じていたに相違ない。元久二年六月、重成は畠山父子を鎌倉におびきよせる役割を果したが、結局かれは親類のよしみに背き、奸謀をもって重忠を滅ぼしたという理由で抹殺されることになる。

二俣川の合戦

元久二年(一二〇五)四月、不穏な情勢のもと、近国の御家人が参集する鎌倉に、日頃は在国していた稲毛重成が郎従を引き連れて現れた。舅の北条時政に呼ばれたのだという。五月になって騒ぎが収まり、ようやく大半の御家人が帰国した。

六月二十日、畠山重保が稲毛重成に招かれて武蔵から鎌倉に出てきた。翌日、前年の京都での事件で重忠・重保に恨みをもっていた牧の方と時政が畠山父子殺害の計画を義時と時房に相談した。二人はこれに反対したが、牧の方の兄の大岡時親が彼女の使として義時の邸を訪れ、執拗に重忠に謀反の意志のあることを訴えるので、やむを得ず義時はこれに応じた。二十二日、鎌倉は騒動となり、由比ヶ浜辺に謀反人を討つと称して武士たちが向かって行く。畠山重保もそこに向かったところ、時政から指示を受けた三浦義村の手の者が重保を取り囲んで討ち取ってしまう。そこにまた、重忠が鎌倉に向かっているという情報が伝わったので、途中で要撃することになって、追討軍が編成された。

幕府軍の編成は以下のとおりであった。

御所の四面警固　四〇〇人の壮士

大手大将軍　北条義時
先陣　葛西清重
後陣　千葉常秀以下千葉一族（大須賀胤信・国分胤通・相馬義胤・東重胤）
其の外　足利義氏・小山朝政・三浦義村・三浦胤義・長沼宗政・結城朝光・八田知重・安達景盛・中条家長・苅田義季・狩野宗茂・宇佐美祐茂・波多野忠綱・松田有経・土屋宗光・河越重時・河越重員・江戸忠重・渋河・小野寺秀通・下河辺行平・

園田成朝
大井・品河・春日部・潮田・鹿島・小栗・行方輩
児玉・横山・金子・村山党

関戸大将軍　北条時房・和田義盛

実朝の御所の警固は京下りの吏僚として知られる三善康信が大江広元と相談し、将門の乱の際の朝廷の対応にならったものである。幕府軍の先陣は常に畠山重忠がつとめたのであるが、この時は重忠と同じ秩父平氏一族の葛西清重がつとめている。これは彼が重忠に替わるべき存在になったことを示す。重忠追討に対する積極的な意志の反映と見てよいであろう。武蔵武士団の統率権（指揮権）について清重と重忠は微妙な関係にあり、清重が重忠に強烈な対抗意識をもっていたという指摘もある（川合二〇一二）。

後陣は千葉常秀《つねひで》が千葉氏一族を率いてつとめているが、これは本来常秀の兄で千葉氏の家督（惣領）である千葉介成胤《なりたね》が担うべきものであったから、重忠と親交の深かった成胤が追討軍への参加を忌避した可能性がある（野口二〇〇四）。なお、大手軍に秩父一族の河越・江戸氏のほか、留守所惣検校職たる重忠の差配に従うべき児玉・横山・金子・村山党が加わっていることは、この段階における畠山氏の孤立をよく示している。

関戸（現在の多摩市）に派遣された軍勢は重忠軍の背後をつくとともに、国府を押さえ、重忠の私

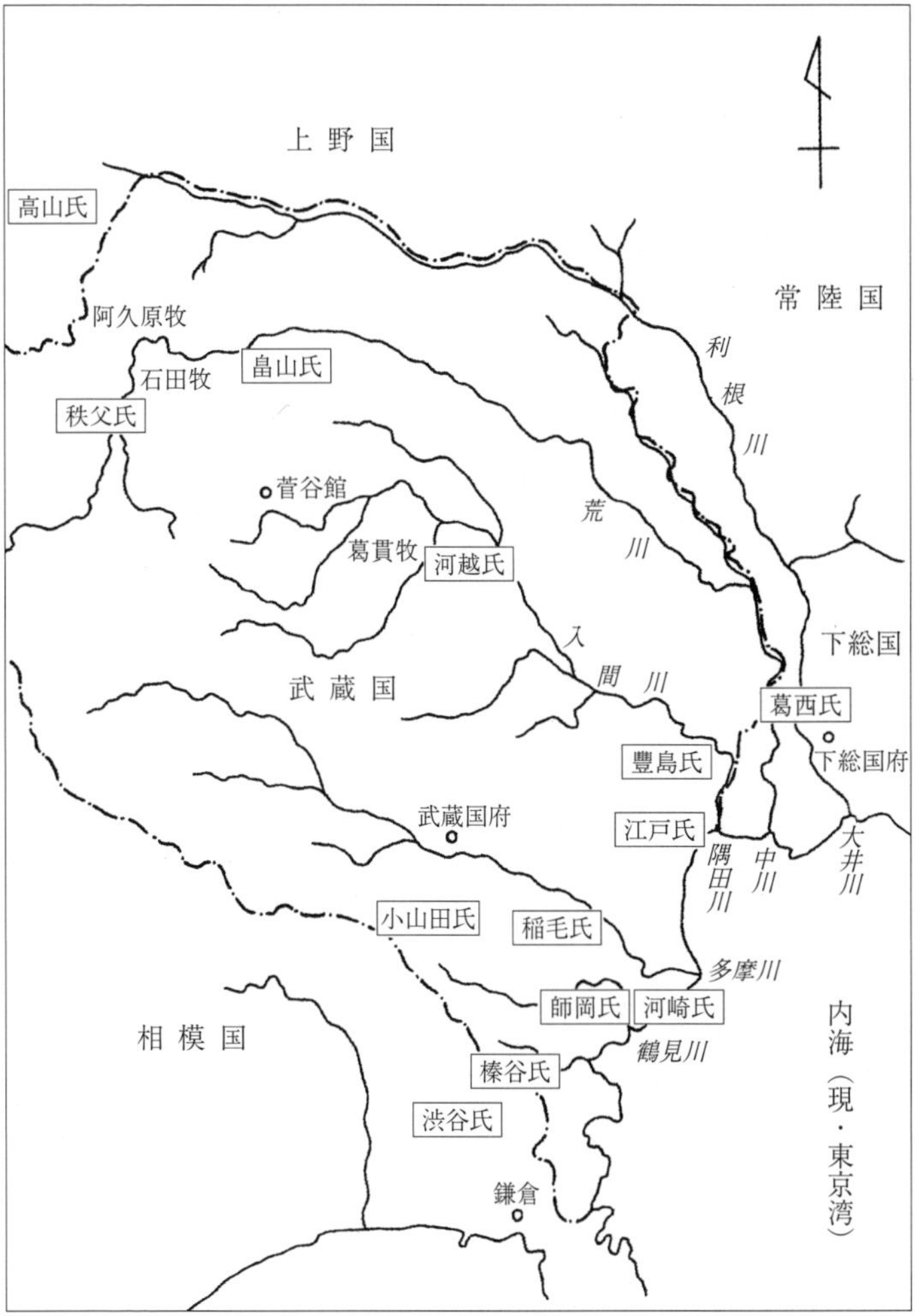

秩父平氏一族の分布
（今野慶信「豊島氏の成立」峰岸純夫ほか編『豊島氏とその時代』新人物往来社，1998年，付図を一部改変）

領本宅を接収する役割を担ったのであろう。なお、北条時房とともに和田義盛が大将軍に任じたのは、彼が侍所別当の地位にあったからである。

一方、六月十九日、小衾《おぶすま》郡菅谷館（埼玉県比企郡嵐山町）を出発した重忠の軍勢は二十二日午刻に二俣川（横浜市旭区）に着き、ここで「山にならび野に満つる」幕府の大軍と遭遇した。鶴峯《つるがみね》の麓に陣を敷いた重忠のもとに、この日の朝に重保が討たれたことなどの情報がもたらされた。この時、重忠の軍勢は、舎弟長野重清は信濃、重宗は陸奥にあったため、従う者は子息重秀および郎従の本田近《ちか》常《つね》・榛沢成清《はんざわなりきよ》以下わずか百三十四騎に過ぎなかったという。戦闘は申刻（午後四時）に及び、この間に加治宗季《むねすえ》以下多くの幕府側の武士が重忠のために討たれた。しかし、重忠はついに愛甲季隆《あいこうすえたか》の射た矢に当たって首級を落とされ、その後、重秀や郎従以下も自殺を遂げて合戦は終わった。

重忠滅亡の背景

畠山重忠が二俣川で討ち取られた理由については、北条氏あるいは牧の方の謀略として語られるのが一般である。結論からいうと、それは誤りではないのだが、この理解は北条氏を源氏からの政権簒奪者と見たり、女性の政治介入をことさら罪悪視する偏見に基づくだけで成り立っている点に問題がある。その上、これによると、重忠は陰謀にはまって倒された悲劇の英雄という平板な存在としてしか評価されないことになる。

鎌倉時代の後期に編纂された『吾妻鏡』には、畠山氏の討伐を主導したのは時政・牧の方であり、義時はこれに反対したように書かれている。しかし重忠討伐軍の大将軍はほかならぬこの義時であり、北条氏全体の立場からすれば、宿願である武蔵掌握のため、畠山氏の討滅は避けて通れない課題となっていた。ただ、重忠には支持勢力も多く、これを強引に進めると、その後の政治的立場に動揺をきたしかねない。この点に政子・義時はよく配慮していたのであろう。

ところで、鎌倉幕府の政治史について考えると、すくなくとも三代目の執権泰時の頃までは、北条氏の独裁には至らず、主導権を行使しつつも有力御家人との協調をはかりながら政権の運営が行われていた。そして、その有力御家人の中で最大の実力を有していたのが三浦義村であった。畠山重忠の滅亡には、この三浦氏一族の意志が関わっていた形跡がうかがえるのである。

すなわち、元久二年（一二〇五）六月における畠山氏討伐の一連の動きの中で、その最初と最後に三浦義村が登場するからである。最初とは、二十二日の朝、鎌倉の由比ヶ浜における畠山重保（重忠嫡子）の謀殺の実行主体であったこと。最後とは二十三日夜、重忠に冤罪をきせた張本人として重忠の従兄弟である稲毛重成とその弟の榛谷重朝らを義村が中心になって誅殺したことである。これらの事実は、義村の畠山一族討滅に対する積極的意志の存在を示すものではないだろうか。

その起因するところは、前々年の比企氏の乱による頼家の将軍廃立と実朝の嗣立以来の権力闘争に求めるのが順当であろうが、その背後の事情の一つとして、当時の武士社会一般に見られる「世代をこえた執拗なまでの復讐心」の意識が想起されるのである（野口 二〇〇四）。

三浦氏の畠山重忠ないし秩父一族に対する怨恨は二十五年前の衣笠合戦にまで遡る。この時、秩父一族とともに衣笠城を攻めた畠山重忠は、三浦一族の族長で自らの外祖父にあたる三浦義明を討死に追い込んだのである。前述のように、重忠が頼朝の軍に参向した際、頼朝は三浦一族に対して、これまでの遺恨を捨てるように厳しく命じ、三浦一党もそのことを約束した。しかし、この時点では調停者たる頼朝はすでになく、北条氏を中心にして有力御家人間の権力闘争が激化する中で、三浦一族の憤りが再燃するのは至極容易なことであったと思われるのである。

以上、推測をまじえた部分も多いが、畠山重忠討滅の根本的な理由は、北条氏の武蔵掌握の意図にあったが、それが行われる背景として、稲毛重成の秩父氏族長権掌握の意図や三浦一族の怨恨が介在していたことを想定した（野口 二〇〇二）。

なお、ここで時政の活動を支えていた経済基盤について触れておきたい。時政の所領については秋山哲雄の要を得た研究があるので、これに基づいて、多少の私見を加えながら述べていきたい（秋山 二〇〇六）。

時政の所領

もともと空間的には狭小な伊豆北条の領主に過ぎなかった時政だが、頼朝の勢力の拡大とともに伊豆・駿河・相模のみならず、京都の綾小路北河原東の屋地をはじめ、畿内・西国にまで所領を獲得していくが、時政の所領は領域的な支配というよりも核となる寺社を押さえて何らかの得分を得るような形をとるものが多かったという。さらに、南九州の島津庄日向方（島津庄のうち、日向国に属する部分。現在の宮崎県都城市周辺）・大隅方（同じく大隅国に属する部分。鹿児島県東部）や陸奥の津軽四郡（平賀・鼻和・田舎・山辺郡。青森県青森・弘前市周辺）など、列島周縁部に広大な所領を押さえていたことも大きな特徴である。広域的な流通に根ざした経済基盤を確保しようとする伊豆以来の方針が貫徹しているように見える。

朝廷から認められた直轄領として、頼朝が本家・領家として支配した公領や荘園を「関東御領」という。ここには御家人が地頭職を与えられるわけだが、当然時政もその恩給に預かっている。駿河国の富士郡（静岡県富士市周辺）・益頭郡（藤枝市益津周辺）・大岡牧（沼津市大岡周辺）、尾張国の富吉庄（愛知県蟹江町）の四カ所がそれである。また、伊豆国寺宮庄（静岡県伊豆の国市寺家）、遠江国河村庄（菊川市）・蒲御厨（浜松市南東部）といったように京都との往還に関係する東海道沿いに所領が多い。また越前国大蔵庄（福井県鯖江市大倉町）のほか牛原庄（大野市牛ガ原）にも地頭職を得ていた可能性が指摘されている。時政は北陸、とくに越前に何らかの関係・関心があったのであろう。

3　政子・牧の方の役割

見事な政治劇

北条政子・義時は重忠排斥に表面上は消極的に振る舞いつつも、時政・牧の方が主導した重忠追討に参画。事が成ると、重忠に謀反の意志がなかったとして時政サイドの手先となった稲毛重成を討ち、さらに時政・牧の方の責任を追及して、一挙にこれを幕府から追放。京都では平賀朝雅を討ったのである。

時政と牧の方の当初の計画では、二人の婿である稲毛重成の誅殺は計算外であったのかも知れない。重忠への報復を期していた三浦義村も政子・義時と連携していたと見られ、畠山氏やその一族にとっては悲惨な事件であったが、これは成立期の鎌倉幕府における見事な政治劇と見ることが出来る。しかし、御家人達の間には畠山氏の追討を批判する声が強かったことと思われる。したがって、二俣川合戦の論功行賞に時政は表に立つことが出来ず、実朝が幼少であることを理由に政子が執り行ったのである（『吾妻鏡』元久二年七月八日条）。

平賀朝雅擁立策

畠山重忠追討直後に発生した反北条の状況を挽回するために時政と牧の方のとった方策は、院権力の助力を得ることであった。すなわち、実朝を廃して京都守護として在京し、院近臣としての立場も固めていた娘婿の平賀朝雅を将軍に擁立しようというのである。朝雅は源頼朝の猶子であり、官位も正五位上右衛門権佐と他の御家人とは隔絶した身分を有していたから、その資格は十分であった。しかも、実朝には、彼が「鎌倉殿」として安定した政権の維持をはかる上で大きな不安があった。

のちのことになるが、実朝に子どもが出来ないことを危惧した政子が上洛して後鳥羽院側近の卿二位（藤原兼子）と皇子の東下を交渉したことからも知られるように、実朝は生来虚弱な体質だったようだ。実際、『吾妻鏡』を見ても、誕生した翌年の建久四年（一一九三）四月十三日、彼は俄に「病悩」に陥り、周囲を「驚騒」させている。また、将軍になった翌年の元久元年（一二〇四）七月十四日、やはり俄に「痢病」を発して十日を経て漸く回復を見、同年十一月三日に発した「不例」は一週間ほどの療養を要している。その後、実朝は承元二年（一二〇八）のはじめに患った疱瘡《ほうそう》の跡を憚《はばか》って、以後三年もの間、鶴岡八幡宮寺への社参を控えざるを得ない事態も招いている（関口 二〇一〇）。このような事情も加わって時政・牧の方は実朝の排除を策したのであろう。

作られた「牧の方の奸謀」

『吾妻鏡』は牧の方が奸謀をめぐらせて実朝を殺し朝雅を将軍に立てようとしたというように記しているが、彼女はほんの数カ月前に実朝の妻を迎えるために奔走したばかりであり、また政子とも決して悪い関係ではなかった。政子が妊娠中、頼朝と関係をもった亀の前という女性に「後妻（うわなり）打ち」を敢行したことは有名な話だが、政子に亀の前の存在を知らせたのはほかならぬ牧の方であり、どうやら彼女たちは女性同志で連帯するネットワークを構築していた節がある（野村 二〇〇〇）。おそらく、それは当時の家族社会に普遍的に見られたものと推測されるのである。政子が亡くなる嘉禄元年（一二二五）の前後には、彼女を見舞うために、在京していた牧の方腹の娘二人が相次いで関東に下向していることからも、それはうかがえよう。だから、この牧の方に対する『吾妻鏡』の記述は、牧の方にすべての責任を帰せしめて、老耄の時政がそれに乗ぜられたように理解させようとする後世の曲筆と考えた方がよいように私には思われるのである。

すでに大姫（木曽義仲の嫡子義高のいいなづけ。後鳥羽天皇への入内が進められていたが建久八年〔一一九七〕病死）・三幡（大姫に替わって入内が計画されていたが正治元年〔一一九九〕病死）・頼家（元久元年〔一二〇四〕殺害）と立て続けにわが子を失った政子には実朝暗殺は耐えがたいことであったろうし、頼朝の政権創業に大きく寄与し「源氏譜代の家人」たることをアイデンティティとする三浦・小山氏ら有力御家人の支持も得がたいであろう。こうしたことを考えると、時政と牧の方が平賀朝雅擁立をはかっても、それに実朝殺害が連動する限りにおいて、政子・義時・時房姉弟や三浦氏など有力御家人の支持が得られないことは確実であった。一方、政子・義時らの弱みは、実質的に参陣を拒否した千葉成胤の態度にはっきりと示されているように、畠山重忠追討を実行したことに対する御家人たちの反感であった。これを克服しなければ、実朝を鎌倉殿と仰ぐ体制そのものが揺らぎかねなかったのである。

とにかく畠山重忠追討の不当性はほとんどの御家人たちの共通認識であったようである。しかし北条氏からすれば、畠山氏は武蔵掌握の障害であり、とくに時政と牧の方にとっては、重忠の子の重保が、重忠の官制上の上司であるばかりか娘婿である武蔵守平賀朝雅と諍いを起こしたことは感情的にも許しがたいものであったのだろう。政子・義時と常に政治的立場を共有してきた彼らの従兄弟にあたる三浦義村も祖父義明の仇である重忠への恨みを晴らす機会を待ち望んでいた。こうした事情が重なって北条氏一族は一丸となって重忠追討を実現させたのであるが、その後の御家人統制には不安がつきまとうこととなった。

重忠追討の弥縫策

『吾妻鏡』は畠山重忠については一貫して賞揚・美化する記事ばかりを載せている。北条氏の政権は重忠追討の誤りを認めたのである。北条時政・牧の方を追放した政子・義時の政権は、畠山重忠の謀反を否定することを前提に成立したのであるから重忠の鎮魂を重大な課題としたはずである。この方針は、その後の北条政権に引き継がれ、そのことが重忠の顕彰・美化を促したものと考えられる。

この後、北条氏は重忠追討の成果を手中に収めながら、御家人達の動揺を防ぎ、彼らに対する統制を強めていく。

二俣川の合戦から二カ月ほど経った閏七月十九日、平賀朝雅を将軍に立て、実朝を殺害するという牧の方の「奸謀」を知った政子は、長沼宗政・結城朝光・三浦義村らを時政亭に遣わして、ここに居た実朝を弟の義時の亭に移した。これによって、時政は俄に落飾し、翌日にはかつての本拠地である伊豆国北条郡に下った。この日、義時は実朝のもとで「執権事」を奉り、義時亭に参会した大江広元・安達景盛らとの評議の上、京都に使者を発して在京御家人に平賀朝雅の追討を命じた――このように『吾妻鏡』は伝える。しかしこれは、北条氏が時政・牧の方をスケープゴート化して御家人たちの不満を収めようとして採られた方策を合理化したストーリーなのではないだろうか。

ともかく、政子・義時らによる「継母の党」に対するクーデターが敢行されたのである（『明月記』元久二年閏七月二十六日条）。しかし父親とその正室である継母を追放するという行為は「親の教令権」がすべてに優先したこの時代においては容易に正当性を主張することは叶わなかったはずである。にもかかわらず、時政は潔く出家を遂げ、粛々と伊豆に旅立っていった。それは彼がこのクーデター計画を事前に知り、容認していたからなのではないだろうか。『吾妻鏡』が、話の脈絡とは矛盾するにもかかわらず、時政の出家に際して「同時に出家するの輩、勝計すべからず（算えきれない）」と述べているのも、そのあたりの事情を反映しているのだと思う。牧の方の兄弟の大岡備前守時親も事件からしばらく経った八月五日に出家を遂げている。

いずれにしても、時政は政子・義時に政権を委ねて自ら身を引いたのである。これまた「見事な政治劇」と評さざるを得ない。

平賀朝雅の追討と宇都宮頼綱の出家

このクーデターにおける最大の犠牲者は平賀朝雅であった。閏七月二十六日、政子・義時の統率下に置かれた幕府から、平賀朝雅の追討を求めて院への奏上がなされ、即座に後藤基清・佐々木広綱ら在京御家人たちが六角東洞院（平安京左京四条四坊一町の西半分、現在の京都文化博物館の斜め向かい辺りに比定される）の朝雅亭を襲うこととなる。朝雅は亭に放火して大津の方に落ちていったが、途中の山科で追い詰められて自害する。『愚管抄』によると、後鳥羽院は朝雅の首を御所の門前まで運ばせて自ら実検したのだという。

一方、鎌倉では、八月に至って、宇都宮頼綱が一族郎従を率いて鎌倉に攻め込むという噂が流れた。朝綱は下野国の有力御家人で、平賀朝雅と同じく牧の方所生の娘（時政の八女）を妻としていた。北条義時は下野守護である小山朝政にその追討を命じた。しかし朝政は、「頼綱は誼《よしみ》の深い姻戚であって、もし追討を引き受けては、情を捨てることになってしまう。だから他の御家人に命じていただきたい。ただし、自分は頼綱に与《くみ》することはしないし、防戦には全力を尽くすつもりである」と述べて出陣を拒否。そして、朝政は頼綱にこの情報を知らせて、幕府に対する恭順を勧めた。頼綱は義時に宛てて謀反の意志のないことを記した書状を献じ、朝政もこれに副状を加えて中原（大江）広元に提出した。しかし広元がこれを義時に取り次ごうとしなかったので、頼綱は出家して異心のないことを示し、さらに鎌倉に赴いて義時に陳弁を試みようとした。頼綱の出家には、その郎従六十余人も従ったという。しかし、義時は亭を訪れた頼綱に面会しようとしなかったので、頼綱は結城朝光（小山朝政の弟）に付して髻《もとどり》を献上し、疑念の解消に努めた。その結果、ようやくにして宇都宮氏追討は撤回されることとなった。以上『吾妻鏡』の伝えるところである。

この事件は、政子・義時が「継母の党」を一斉に粛清しようとしたものの、それに対して有力御家人が必ずしも同調しなかったことを示していよう。大江広元の動きも気になるところである。こうしたことに配慮したものか、『吾妻鏡』元久二年（一二〇五）十一月三日・四日条によると、政子は牧の方腹の妹の夫で畠山重忠を讒訴《ざんそ》したという理由で誅殺した稲毛重成の外孫にあたる綾小路師季の娘を猶子となし、重成の遺領の武蔵国小澤郷を与え保護を加えている。

畠山重忠の姻族

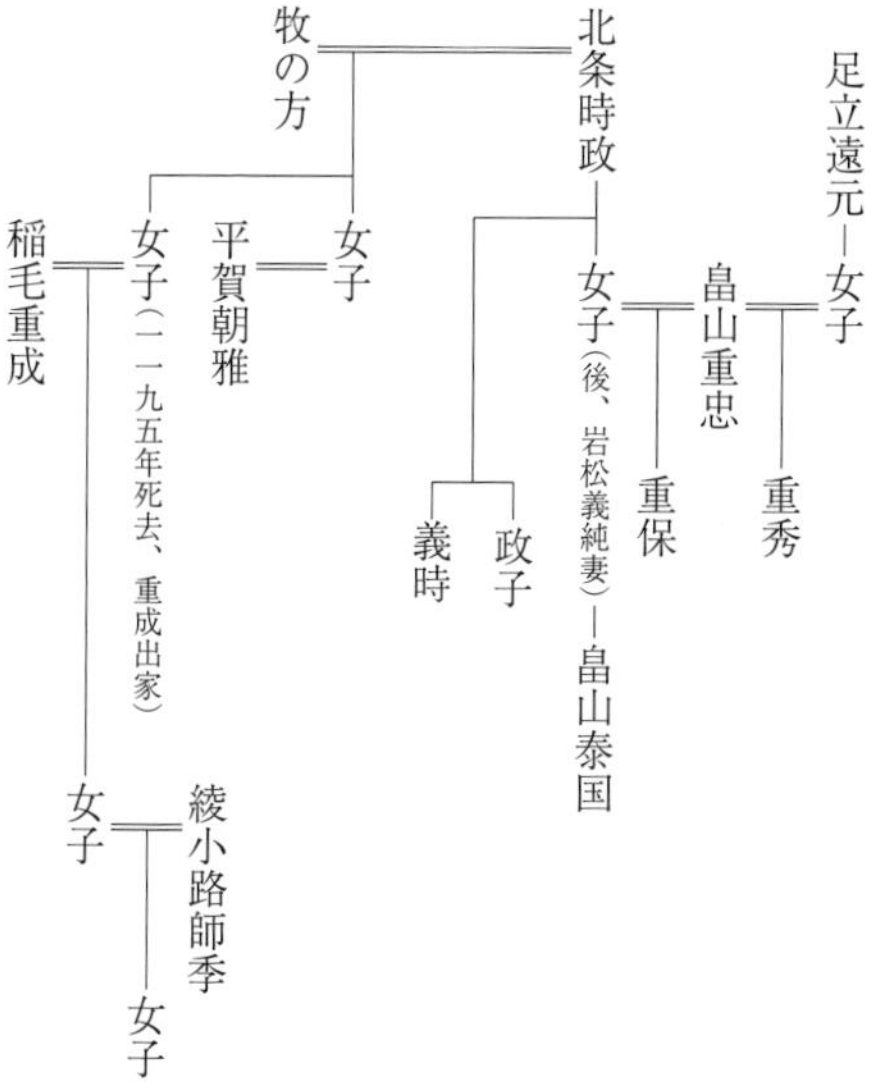

武家の「主婦」の役割

政子は頼朝や北条氏が権力を確立していく過程で犠牲になった女性たちの救済につとめている。たとえば政子は木曽義仲の妹宮菊を自らの猶子として保護したし、義経の逃亡先を尋問するために鎌倉に送致された静御前の心中を慮《おもんぱか》り、父を探すために鎌倉に下った身寄りのない舞女微妙《びみょう》には出家後の生活を助け、義父景時以下の一族が滅亡したために身を隠していた梶原景高の妻の所領を安堵するなど、彼女は夫の権力行使によって生じた負の部分を繕う役割を果たしたのである（野村 二〇〇〇）。

そもそも、この時代、武家の妻（主婦）は夫が不在の場合は軍勢催促の対象となる場合もあり、治承四年（一一八〇）、石橋山の合戦に敗れて安房に逃れた頼朝は再起のために武蔵国の豊島朝経の妻に「綿衣を調進すべきの由」を依頼しているが、それは朝経が在京していたことによる。また、頼朝の乳母の一人で、下野の有力在庁小山政光の妻になっていた女性（のちの寒河尼）は政光と嫡子の朝政が大番役のために在京しているにもかかわらず、末子（のちの結城朝光）を連れて隅田川辺に進軍した頼朝のもとに参向している（『吾妻鏡』同年九月三日・十月二日条）。おそらく、この時、彼女は在地にあった小山氏配下の軍事力も率いてきたのであろう。

鎌倉幕府は日本史上最も猛々しい男たちの政権であるというイメージが強い。たしかに幕府による御家人把握の原理（「御家人制」）は男系を前提とした「惣領制」によるものであるが、在地における族的結合においては外戚原理を中核とした母系制に基づくものであった（鈴木 一九八〇）。もちろん女性には財産相続権があって夫婦はそれぞれの所領を有しており、それを子女に譲与したのである。この時代の幕府政治の動向も、そうした社会背景を踏まえて考察しなければならない。たしかに妻は夫をフォローする従属的な立場にはあったが、その影響力は中世後期以降の妻のそれに比して相当大きいものであったといえるのである。頼朝における北条政子同様に、北条時政における牧の方の果たした役割も評価し直す必要があるだろう。

4 伊豆の時政

願成就院

鎌倉幕府の公的な歴史書である『吾妻鏡』に伊豆に引きこもった後の時政の動静が伝えられるのは、承元元年（一二〇七）十一月十九日、時政が北条氏の菩提寺である願成就院の傍らに塔婆を建立したという記事だけである。

『吾妻鏡』によると、願成就院は時政が平泉藤原氏「征伐」の成就を祈願して文治五年（一一八九）六月六日に事始めを行い、その日のうちに立柱上棟して供養を遂げ、「願成就院」と号したのに始まるという。本尊は阿弥陀三尊、さらに不動・多聞天の像が安置された。しかし、一日でそれだけのことを行うのは無理のように思われるし、奥州合戦後の十二月九日条には、願成就院の北に頼朝の宿館を構えようと「犯土」したところ「願成就院」と書かれた古額が出土したという奇瑞が記されていて、いよいよ怪しい。どうやら『吾妻鏡』は、奥州合戦に際して時政が神仏への祈願を通じて後方支援したことを願成就院の創建に結びつけて述べ、ひいては『吾妻鏡』が書かれた時代の北条氏による奥羽支配の正当性を主張したように受けとられる（藪本 二〇一六）。実際、宝暦二年（一七五二）の修理の際に不動明王・毘沙門天両像の胎内から発見された二枚の五輪塔形木札の裏面には、

文治二年歳次丙午五月三日奉始之　巧師勾当運慶　執筆南無観音
　　　　　　　　　　　　　　　檀越平朝臣時政

とあり、昭和五十二年（一九七七）の修理の際にも、不動三尊の二童子像内から、これと同内容のことの記された同形の木札が二枚が取り出されている（第五章第2節の写真参照）。

かくして、これらの仏像が文治二年五月三日に造り始められたこと、檀越は「平朝臣」と記名されていることから、この時すでに五位の位階を有していたことが知られる時政、仏師は運慶、銘文執筆者は南無観音であったことが分かる。そして、年紀から、願成就院は奥州征討が行われる以前から北条館の持仏堂のような形ですでに存在していたことが想定されるのである。

建保三年（一二一五）正月、時政が卒した際、ここに彼の菩提を弔うために南新御堂が供養されたり、嘉禎二年（一二三六）六月に義時の十三回忌の供養がここで行われていることから、願成就院は北条氏の氏寺としての機能を担っていたと見られるのである（秋山 一九九七・水野 山本 二〇一四）。

運慶と時政

ところで、時政はどのような経緯から仏師運慶と関係をもち、この寺の本尊以下の造像を依頼するに至ったのであろうか。運慶は定朝に連なる興福寺専属の奈良仏師の一門に属する康慶《こうけい》の子である。京都守護をつとめた時政が退京した時期と造仏が始められた時期が重なることから、京都の貴族に支持された仏師を避けて奈良の運慶が登用されたという見方もあるが（石井 一九六五）、別の可能性も指摘できる。

すなわち、第一に、時政の祖父時家は伊勢平氏庶流の「京武者」の出身で、その娘が興福寺の悪僧信実の母であったこと、そして、牧の方の父である牧宗親が中納言源雅頼の子で興福寺の学僧となった範雅を養子としていたことなど、時政の一族と奈良興福寺僧との具体的なつながりがうかがえることがある（第三章第2節参照）。そういえば、仁安二年（一一六七）に興福寺の別当をつとめた恵信が伊豆に流されていたことも想起される。

第二に、近年の東国武士の存在形態に関する研究によれば、東国の在地武士たちは鎌倉政権樹立以前から、すで在京活動を頻繁に行って京都周辺の文化と濃厚に接触していた事実が明らかにされていることである。さらに決定的なのは、静岡県富士市瑞林寺の本尊地像菩薩坐像の胎内銘文に、源頼朝が挙兵した当時その周辺にいた箱根山別当行実や義勝房成尋《じょうじん》（尾張守護となる中条家長の父）に同定される人物の名と、この像が運慶の父康慶によって治承元年（一一七七）年八月から造り始めたことが記されていることである（牧野 二〇〇〇）。つまり、これらのことから運慶と時政の関係が頼朝挙兵以前に遡ることは間違いないといえるのである。

政治生命を保ち続けた時政

前述のように、伊豆に隠遁してから後の時政の動静について『吾妻鏡』が述べるのは、承元元年（一二〇七）十一月十九日、彼が願成就院の傍らに塔婆を建立したということだけで、次の記事は建保三年（一二一五）正月八日の条に、前々日の六日、腫物を患っていた時政が北条において卒去したことを伝える。

したがって、時政はこの段階に至ってすっかり政治的な影響力を失ってしまったというのが従来の理解である。ところが、どうもそうは簡単にはいえないようである。

かつて村田正志によって紹介された『岩崎小弥太氏所蔵文書』一所収『手鑑』の「慈円自筆書状断簡」（村田 一九八五）は、承元三年（一二〇九）四月から建暦二年（一二一二）十二月の頃、後鳥羽院が鎌倉に遣わした使者に宛てて慈円が書いたものである。幕府の事情に通じた慈円が「三位中将」（源実朝）・「尼御前」（北条政子）・「相模守」（北条義時）・「広元」（大江広元）といった、この時期に幕府の中枢にいた面々に対する連絡事項について細かい助言を与えていることが読み取れるのだが、注目されるのは、ここに「北条入道」すなわち隠遁したはずの時政までが登場していることである。これによると、後鳥羽院は時政が政変によって引退したことを知っており、特別なことがないので連絡はしなかったが、「師跡事」を相談したことがあったという。「師跡事」の内容は不明だが、この事実は、時政が後鳥羽院と緊密な関係にあり、伊豆に隠遁した後も時政の政治生命が絶たれていたわけではないことを物語っていよう（山本 二〇二〇）。政子や義時もこうした状態を認めていたわけで、まさに北条家の親子による「見事な政治劇」は完遂されていたといえるのである。

牧の方は健在

時政同様、あるいはそれ以上に牧の方も健在であった。たしかに、彼女の実家である大岡氏も時政の失脚に連坐する形で幕府政治の表舞台から姿を消す。『吾妻鏡』によると、牧の方の兄弟で備前守に任じていた大岡時親が、時政の落飾に殉じて出家を遂げている。しかし、それは半月ほども経った八月五日のことであった。

牧の方も『吾妻鏡』から、その後すっかり姿を消す。『保暦間記』には「牧女房ヲモ同国へ則流サル、ト聞ヘシカ、後ハ不知」とあるから、時政に同行したものと見られる。しかし、彼女は同書に

「心タケク憍レル人」と評せられているくらいであるから、とてもそれで終わってしまうとは思えない。

案の定、『明月記』安貞元年（一二二七）正月二十三日条に、上洛してきた彼女が時政の十三年忌供養を娘婿藤原国通の有栖川亭内の一堂において、公卿・殿上人を集めて挙行したことが記されていた。この堂は牧の方が施主として建立したものであり、ほかに鎌倉にも堂を営んでいたというから、彼女は経済的にも相当恵まれていたようである。ちなみに、藤原国通の妻というのは、かつて、あの平賀朝雅の妻だった牧の方所生の時政五女である。彼女は嘉禄元年（一二二五）二月の末、夫が重病であるにもかかわらず前年から伊豆に滞在し続けて帰洛せず、人々から狂乱と罵られるほど母と強い関係にあったらしい（『明月記』）。

牧の方は夫の十三回忌を済ませるとすぐに、この娘やその妹で当時在京していた宇都宮頼綱の妻（時政の八女）、さらにその娘（藤原為家の妻）など「子孫の女房」たちを引き連れて天王寺と南都七大寺・長谷寺の参詣に出かけ、東大寺では万灯会を催している。このことを日記に綴った藤原定家は、子息為家の妻が妊娠中であることを気遣って、「辺鄙の輩」＝牧の方の御しがたいことを嘆いている（『明月記』正月二十七日条）。

さらに、近年、学界に紹介された『明月記』の断簡（嘉禄元年〔一二二五〕七月一日〜三日条）には、死を目前にした北条政子をはじめ、甥の執権泰時、関東申次をつとめていた西園寺公経、関白近衛家実らの言動が記されるとともに、そこから牧の方が定家息為家の妻の母にあたる彼女の娘（冷泉女房母）を通して西園寺公経に至る関東からの重要情報ルートの発信源であったことを知ることができる（谷 二〇二一）。

時政死後のこととはいえ、このような牧の方の行動からも、失脚後の時政が伊豆で一切を失った世捨て人のような日々を送っていたとは思えないのである。

終章　時政の遺したもの

1　時政の子どもたち

四人の男子

時政の子は、宗時・義時・時房・政範の男子四人と十一名の女子、あわせて十五人の存在が知られる（山本 二〇一三）。時政の妻として具体的に判明するのは伊東祐親女と牧宗親女（牧の方）で、牧の方は政範のほか五人の娘を産んだことが確実である。牧の方は正室であったが、時政とは年齢の離れた後妻であって、当初は伊東祐親女が正室であり、彼女は早世したものと見られる。政子・義時・時房はこの先妻の所生である可能性が高い。

時政の女子の中には母を比定することが困難な者もいるから、時政の子をなした女性はほかにも存在した可能性があるのだが、本書では、牧の方以外の時政の妻については「先妻」として一括して述べてきたところである。

長男と見られる宗時は輩号（排行名）「三郎」。諱の「宗」の字は、牧宗親が烏帽子親であったことを示す可能性がある（細川 二〇〇七）。石橋山敗戦の後、時政や義時と別れて甲斐に向かう途中、紀久重に討たれた（第五章第1節参照）。

二代目の執権にして得宗家の初代として知られる義時は次男とされる。母は伊東祐親女と見られ、政子の同母弟としてよい。元久元年（一二〇四）三月に従五位下相模守に叙任される前までは「江間（馬）四郎」「江間殿」と呼ばれたことから、庶子として遇されていたという見方もされるが（細川 二〇〇七）、当時はまだ鎌倉御家人の家の名字は固定しておらず、たとえば千葉常胤の孫で将来の後継者と目されていた成胤と常秀が少年の頃、それぞれ「加曾利冠者」（『源平闘諍録』）・「堺（境）平次」（『吾妻鏡』）と呼ばれていたように、家督継承以前は居住地の地名を使用しているケースも見られる。したがって、宗時亡き後、牧の方が男子（政範）を出産するまでは嫡子となっていたはずで、政範が成人するまでの中継ぎの役割も期待されていたであろう。そして、政範の死と時政の失脚（政権委譲）が彼を正式な北条氏家督（惣領）たらしめたのであった。

三男時房の母は不明。「北条五郎」と称し、元服の加冠役を三浦義連がつとめたことにより、その名の一字を受けて初名は「時連」であった。京都の貴族たちとの緊密な親交など、一見、鎌倉から自立的な側面をうかがわせながらも、結果的にその政治行動が政子・義時と一体であることから同母弟と見たいが、政子との年齢差が十八もあって不審である。しかし、政子ときわめて親密であることから、異母弟ながら彼女を母のように慕って成長したのかも知れない。一方、五味文彦は彼が時政と行動をともにした例を挙げたり、義時の死後に彼が義時の嫡男の泰時と両執権として並んだことから、家督後継者の地位にあった可能性を指摘している（五味 二〇〇〇）。ちなみに、第三章第1節で述べたように時房は叔父時定のあとをうけて北条氏の在京活動を担う役割を果たし、その位階も鎌倉幕府滅亡に至るまでの北条氏一族中最高の正四位下に至っている。

四男政範は時政の正室牧の方にとっては待望の男子であった。義時とは二十六歳の年齢差があったが、間違いなく時政の嫡子として育てられた。『愚管抄』巻六には「ソノ子ヲバ京ニノボセテ、馬助ニナシナントシテ有ケル」とあって、少年期から猟官活動のために在京していたらしい。その結果、従五位下左馬権助に叙任され、実朝の御台所が関東に下向するに際してはその「御迎」の代表として数百騎を率いて上洛した（『仲資王記』元久元年十一月五日条）。しかし、上洛途上に病を得てわずか十六歳で死没し、すぐに東山辺に葬られたことは第七章第1節で述べたところである。

十一人の女子

時政の娘たちについては山本みなみの研究がある（山本 二〇一三）。これに私見を加えて作成したのが以下の表である。

一見して気がつくように、時政の娘は京都の有力貴族に嫁いでいる者が多く、そのすべてが牧の方の所生である（宇都宮氏も下野の御家人とはいえ、頼綱と藤原定家の交流にうかがえるように貴族社会の一員としての側面をもつ存在であった〔野口 二〇一四〕）。彼女の人脈が功を奏し、さらにこの娘たちが公武関係に影響力を行使して北条氏の権力を支えたのである（彦由 二〇〇八）。先にも述べたように「継母（牧の方）の党」と政子・義時のグループは政治的に対立することはあっても、それとは次元を異にす

時政の娘たち

	生没年	母親	配偶者〈〉は貴族	所生の子女
① 長女（政子）	保元二年（一一五七）～嘉禄元年（一二二五）七月十一日	先妻（伊東祐親女）	源頼朝	頼家・実朝・大姫・三幡
② 二女	？	先妻（不明）	足利義兼	義氏
③ 三女（阿波局）	？～嘉禄三年（一二二七）十一月四日	先妻（伊東祐親女？）	阿野全成	時元・藤原公佐室
④ 四女	？～建久六年（一一九五）七月四日	牧の方？	稲毛重成	綾小路師季室
⑤ 五女（嫡女）	？	牧の方	平賀朝雅 〈藤原国通〉	
⑥ 六女	？～建久七年（一一九六）六月八日？	先妻（不明）	畠山重忠 足利義純	重保 泰国
⑦ 七女	？～建保四年（一二一六）三月二十二日	牧の方	〈三条実宣〉	（男子）
⑧ 八女	文治三年（一一八七）～？	牧の方	宇都宮頼綱 〈松殿師家〉	藤原為家室・泰綱
⑨ 九女	？	牧の方	〈坊門忠清〉	
⑩ 不明	？	不明	河野通信	通久
⑪ 不明	？	不明	大岡時親	

る家族的な関係は保たれていた。前章で述べたように、政子の死去に際しては、京都からこれらの異母妹たちに加えて、その娘までもが鎌倉に下っている。とくに五女は追善のために法華八講を催しており、政子と牧の方およびその娘たちとの関係は良好なものだったのである（山本 二〇一三）。

一方、嫁ぎ先の武家を見ると、まず頼朝の弟の阿野全成、母方の縁者でもある足利義兼、そして頼朝の猶子にもなっていた平賀朝雅といった河内源氏の一族が挙げられる。そして畠山重忠と稲毛重成、この二人の場合は立場上、形式的には彼らの方が「嫁」した関係になろうが、いずれも秩父平氏の有力者であり、北条氏の武蔵進出策の一環として評価されよう。大岡時親は牧の方の兄弟であるが、河野通信は伊予の武士団で異彩を放っている。

伊予河野氏と時政

河野（越智）通信は治承・寿永内乱期に瀬戸内地方で反平家方の代表的な役割を果たした有力武士で、その結果、幕府から優遇された存在であった（石野 一九八九）。時政が瀬戸内海や四国方面の支配に関心を向けていたことは早くから指摘されているから（上杉 一九九九）、この婚姻もその一環として捉えられるかも知れない。しかし、通信は宇都宮氏と同様、内乱以前から積極的に在京活動を行っていたようで、通信も「後白河院北面歴名」に名を連ねていることなどからすると、やはりここにも牧の方の人脈の介在があったのかも知れない。

2　棺を蓋いて——穏やかな晩年

京武者の孫

建保三年（一二一五）正月六日、前遠江守従五位下北条時政は伊豆北条郡において卒去した。日ごろ腫物を患っていたという。七十八歳であった。元久二年（一二〇五）七月二十日に出家してから、「明盛《みょうせい》」という法名を名乗っていたようである。

序章で、在来の北条時政に関するイメージについて述べたが、本書で述べた時政はだいぶそれらとは趣を異にするものであったと思う。奇を衒《てら》うようであるが、東国を京都とは隔絶した空間と見たり、土と汗にまみれた健全な武士が退廃した貴族を打ち倒して新しい時代を切り拓いていくという分かりやすい図式には乗り切らない姿が展開されていると思う。ただ、序章の第1節で述べた疑問にはある程度解決の糸口を見出し得たのではないだろうか。時政の所領は空間的には小さかったが、そこは政治・流通の結節点であった。祖父は京武者であり、畿内にも多くの人脈をもち、妻には平家一門の池家に連なる女性を迎えることが出来た。京都守護という重責を担い得た理由も判然とした。娘（政子）が公卿にまでのぼりつめた頼朝の正妻であり続けることができた理由も由なしとはしない。三浦氏や千葉氏といった坂東地着きの有力御家人の上に立つことが可能であったのも、もちろん、まずその政治力（手腕）を評価しなければならないが、彼の出自や京都権門との関係から理解する方が容易であろう。

行動的な妻・賢い子どもたち・有能な弟に支えられた人生

時政の父が伊豆国の在庁官人で「北条介」と呼ばれた時兼である可能性の高いことを述べたが（第一章第3節）、母のことは全く分からない。二次史料である『歴代編年集成』や『諸家系図纂』などに「伊豆掾伴為房女」あるいは「伴為房女」と見えるばかりである。しかし、彼が自らの意志でつくりあげた家族には恵まれていた。とりわけ、「ワカキ妻」牧の方の果たした役割は非常に大きい。時政の対京都対応の背後には必ず彼女がいたのではないか、時政は彼女の差配に従って動いたのではないかと思えるほどのものがあった。平清盛における時子、源頼朝における政子のように、この時代の権力者の妻は夫の影に隠れたりなどしていない。彼女は「マクベス夫人」になぞらえられたりしてはいるが、実のところ、客観的な事実に基づかない評価によって汚名を着せられており、その娘たちと政子との良好な関係を見ても、継母とはいうものの、鎌倉政権の草創期を共に生きた同世代の女性として政子との関係は決して悪いものではなかったように思われる。牧の方も『吾妻鏡』編纂者による曲筆の犠牲者の一人であり、これに後世の女性偏見史観が追い打ちをかけたのである。

時政は妻、それに政子・義時・時房といった優秀な子どもたちに恵まれたが、もう一人付け加えておかなければならないのが、時政の眼代（代官）として在京活動を担った弟の時定である。彼は豊臣秀吉における秀長を彷彿とさせるような存在であった。

時政の伊豆隠遁が幕府内部の政治抗争を収拾し、権力を子どもたちにバトンタッチするための主体的な選択であったのなら、彼の晩年は穏やかなものであっただろう。政子・義時らも時政を決してないがしろにはしていない。

分かりやすい話で説明しよう。じつは政子が「政子」という名になったのは、頼朝の死から十九年も経った後の建保六年（一二一八）のことで、彼女が従三位の位階を朝廷から与えられるのに際して位記などの文書にその名を記す必要があったからである（高橋 二〇〇四）。このとき時政の名から「政」の字が選ばれている。政子・義時の政権が時政を否定していたのなら、この命名はあ

時政の墓

り得ないであろう。

よきパートナー牧の方も時政の死去まで伊豆にあったようである。死の一年半ほど前、鎌倉では義時が和田義盛を討って侍所別当の職も掌中に収め、いわゆる「執権政治」を確立している。すべてが始まった伊豆北条の地から息子の頼もしい姿を望見する時政の胸中にはどのような思いが去来していたのだろうか。

時政の墓は願成就院の墓地の一角に設けられている。最近整備されたが、私がはじめて訪れた昭和の頃には、とてもわびしいたたずまいであった。これは後世につくられた供養塔であり、当時の慣行に照らすならば、時政の墓所は願成就院の背後にある守山の斜面を削って営まれたのではないだろうか。

参考文献

本書全体に関係するもの

石井進『日本の歴史7　鎌倉幕府』中央公論社、一九六五年
池谷初恵『鎌倉幕府草創の地――伊豆韮山の中世遺跡群』新泉社、二〇一〇年
落合義明「北条時政と牧の方」野口実編『治承~文治の内乱と鎌倉幕府の成立　中世の人物　京・鎌倉の時代編
　第二巻』清文堂、二〇一四年
小野眞一『裏方将軍　北条時政』叢文社、二〇〇〇年
川合康『鎌倉幕府成立史の研究』校倉書房、二〇〇四年
関幸彦『北条時政と北条政子』山川出版社、二〇〇九年
永井晋『鎌倉幕府の転換点――『吾妻鏡』を読み直す』日本放送出版協会、二〇〇〇年
長又高夫「鎌倉北条氏列伝（一）北条時政」身延山大学東洋文化研究所『所報』第一七号、二〇一三年
北条氏研究会『北条氏系譜人名辞典』新人物往来社、二〇〇一年
元木泰雄『源頼朝』中央公論新社、二〇一九年
安田元久編『鎌倉将軍執権列伝』秋田書店、一九七四年
安田元久編『吾妻鏡人名総覧――注釈と考証』吉川弘文館、一九八八年
八幡義信「鎌倉幕政における北条時政の史的評価」『歴史教育』第一一巻第六号、一九六三年

はしがき

野口実「いくさと儀礼」福田豊彦編『中世を考える　いくさ』吉川弘文館、一九九三年
野口実『武家の棟梁の条件』中央公論社、一九九四年
野口実「東国武士研究と軍記物語」千明守編『平家物語の多角的研究』ひつじ書房、二〇一一年
野口実『列島を翔ける平安武士』吉川弘文館、二〇一七年

序章「北条時政」のイメージ

石井進『日本の歴史7　鎌倉幕府』中央公論社、一九六五年
上横手雅敬『北条泰時』吉川弘文館、一九五八年
上横手雅敬「京都守護」『国史大辞典』第四巻、吉川弘文館、一九八三年
大森金五郎「北條時政の批判」国史講習会『中央史壇』二（五）、一九二一年
奥富敬之『鎌倉北条氏の基礎的研究』吉川弘文館、一九八〇年
奥富敬之『鎌倉北条一族』新人物往来社、一九八三年
小野眞一『裏方将軍　北条時政』叢文社、二〇〇〇年
河合正治「執権北条時政」安田元久編『鎌倉将軍執権列伝』秋田書店、一九七四年
佐藤進一「北条義時」『日本歴史講座』第三巻、河出書房、一九五一年
佐藤進一「鎌倉幕府政治の専制化について」『日本中世史論集』岩波書店、一九九〇年、初出は竹内理三編『日本封建制成立の研究』吉川弘文館、一九五五年
野口実「鎌倉武士と報復——畠山重忠と二俣川の合戦」清水亮編著『中世関東武士の研究　第七巻　畠山重忠』戎光祥出版、二〇一二年、初出二〇〇二年a

野口実「豪族的武士団の成立」元木泰雄編『日本の時代史7　院政の展開と内乱』吉川弘文館、二〇〇二年b
福田以久夫「鎌倉幕府の成立と沼津地方」『駿河相模の武家社会』清文堂、一九七六年
細川重男『北条氏と鎌倉幕府』講談社、二〇一一年
松島周一「北条時政の京都駐留」『日本文化論叢』第九号、二〇〇一年
守田逸人「伊賀国における伊勢平氏の展開——荘園公領制成立期における現地社会の動向」『ヒストリア』第一九五号、二〇〇五年
安田元久『北条義時』吉川弘文館、一九六一年
安田元久「北条時政」同『鎌倉幕府　その実力者たち』人物往来社、一九六八年

第一章　伊豆北条氏の成立

池谷初恵『鎌倉幕府草創の地——伊豆韮山の中世遺跡群』新泉社、二〇一〇年
石井進『日本の歴史　第一二巻　中世武士団』小学館、一九七四年
石野弥栄「河野氏と北条氏——いわゆる元久二年閏七月日関東下知状の再検討」『日本歴史』第四九九号、一九八九年
上杉和彦「中世土佐地域史論の諸前提——鎌倉幕府権力と土佐国の関係に関する一試論」十世紀研究会編『中世成立期の政治文化』東京堂出版、一九九九年
上横手雅敬「吾妻鏡文治三年九月十三日条をめぐる諸問題」同『鎌倉時代政治史研究』吉川弘文館、一九九一年、初出一九七三年
岡陽一郎「中世居館の光景——円成寺遺跡の立地から」『月刊歴史手帖』第二三巻第九号、一九九五年
奥富敬之『鎌倉北条氏の基礎的研究』吉川弘文館、一九八〇年

佐々木紀一「北条時家略伝」『米沢史学』第一五号、一九九九年
杉橋隆夫「北条時政の出身――北条時定・源頼朝との確執」『立命館文学』第五〇〇号、一九八七年
杉橋隆夫「牧の方の出身と政治的位置――池禅尼と頼朝と」上横手雅敬監修『古代・中世の政治と文化』思文閣出版、一九九四年
瀬野精一郎「〝殺し屋〟天野遠景」同『歴史の陥穽』吉川弘文館、一九八五年、初出一九六〇年
貫達人『鶴岡八幡宮寺――鎌倉の廃寺』有隣堂、一九九六年
野口実「流人の周辺――源頼朝挙兵再考」同『中世東国武士団の研究』高科書店、一九九四年、初出一九八九年
野口実「国家と武力――中世における武士・武力」『歴史評論』第五六四号、一九九七年
野口実「豪族的武士団の成立」元木泰雄編『日本の時代史7　院政の展開と内乱』吉川弘文館、二〇〇二年
野口実「院政期における伊勢平氏庶流――「平家」論の前提作業」京都女子大学宗教・文化研究所『研究紀要』第一六号、二〇〇三年
野口実「院政期における伊勢平氏庶流（補遺）」京都女子大学宗教・文化研究所『研究紀要』第一七号、二〇〇四年
野口実「承久の乱における三浦義村」同編『承久の乱の構造と展開　転換する朝廷と幕府の権力』戎光祥出版、二〇一九年、初出二〇〇五年
原茂光「伊豆韮山円成寺遺跡について」『月刊歴史手帖』第二三巻第九号、一九九五年
藤原良章「伊豆円成寺遺跡と中世東国史をめぐって」『月刊歴史手帖』第二三巻第九号、一九九五年
古澤直人『鎌倉幕府と中世国家』校倉書房、一九九一年
森幸夫「伊豆守吉田経房と在庁官人北条時政」『季刊ぐんしょ』再刊第八号、一九九〇年
森幸夫「平・長崎氏の系譜」安田元久編『吾妻鏡人名総論――注釈と考証』吉川弘文館、一九九八年

八幡義信「伊豆国豪族北条氏について」『武蔵野』第四八巻第一号、一九六九年

第二章　流人頼朝を囲繞した人たち

五味文彦「花押に見る院政期諸階層」同『院政期社会の研究』山川出版社、一九八四年
坂井孝一「伊豆僧正恵信――或る門閥僧侶の悲劇」『創価大学人文論集』第五号、一九九三年
佐々木紀一「頼朝流離時代困窮の虚実」『米沢国語国文』第三七号、二〇〇八年
杉橋隆夫「牧の方の出身と政治的位置――池禅尼と頼朝と」上横手雅敬監修、井上満郎・杉橋隆夫編『古代・中世の政治と文化』思文閣出版、一九九四年
野口実「流人の周辺――源頼朝挙兵再考」同『中世東国武士団の研究』髙科書店、一九九四年、初出一九八九年
野口実『武家の棟梁源氏はなぜ滅んだのか』新人物往来社、一九九八年
福島金治『安達泰盛と鎌倉幕府――霜月騒動とその周辺』有隣堂、二〇〇六年

第三章　時政の周辺

浅香年木『治承・寿永の内乱論序説』法政大学出版局、一九八一年
浅見和彦「『閑谷集』の作者――西行の周縁・実朝以前として」有吉保編『和歌文学の伝統』角川書店、一九九七年
上横手雅敬「吾妻鏡文治三年九月十三日条をめぐる諸問題」『鎌倉時代政治史研究』吉川弘文館、一九九一年、初出一九七三年
遠藤巖「平賀郡惣領職をめぐって」半田市太郎教授退官記念会編『秋田地方史論集』みしま書房、一九八一年
折田悦郎「鎌倉時代前期における一相論――東大寺領美濃国大井庄下司職相論」川添昭二先生還暦記念会編『日

本中世史論攷』文献出版、一九八七年
熊谷隆之「六波羅探題任免小考――『六波羅守護次第』の紹介とあわせて」『史林』第八六巻第六号、二〇〇三年
五味文彦『『春日験記絵』と中世』淡交社、一九九八年
杉橋隆夫「北条時政の出身――北条時定・源頼朝との確執」『立命館文学』第五〇〇号、一九八七年
杉橋隆夫「牧の方の出身と政治的位置」上横手雅敬監修『古代・中世の政治と文化』思文閣出版出版、一九九四年
杉橋隆夫「荘園制の確立と武士社会の到来」『沼津市史　通史編　原始・古代・中世』（第二編第五章）、二〇〇四年
杉橋隆夫「駿河国大岡荘の領主権と政治的・文化的位置」『立命館文学』第六〇五号、二〇〇八年
裾野市史編さん専門委員会編『裾野市史』第一巻　資料編　考古、一九九二年
宝賀寿男編『古代氏族系譜集成　中巻』古代氏族研究会、一九八六年
野口実「承久の乱における三浦義村」『明月記研究』第一〇号、二〇〇五年
野口実「源頼朝の房総半島経略過程について」同『中世東国武士団の研究』高科書店、一九九四年、初出一九八五年
野口実「院政期における伊勢平氏庶流――「平家」論の前提作業」京都女子大学宗教・文化研究所『研究紀要』第一六号、二〇〇三年
野口実「院政期における伊勢平氏庶流（補遺）」京都女子大学宗教・文化研究所『研究紀要』第一七号、二〇〇四年
明月記研究会編「『明月記』（元久二年五月～閏七月）を読む」『明月記研究』第一〇号、二〇〇五年

山本みなみ「北条時政とその娘たち――牧の方の再評価」『鎌倉』第一一五号、二〇一三年

第四章　時政と京都権門

石策竜喜「鎌倉武士の婚姻形態についての一試論――男女の出会いの場としての将軍御所の役割を中心として」義江彰夫編『古代中世の社会変動と中世』吉川弘文館、二〇〇六年
井上薫「傔仗」『国史大辞典』第五巻、吉川弘文館、一九八四年
上横手雅敬「いまなぜ義経なのか」同編『源義経　流浪の勇者――京都・鎌倉・平泉』文英堂、二〇〇四年
江平望「一条能保の前半生――その身分と官途について」同『島津忠久とその周辺中世史料散策』高城書房出版、一九九六年
大山喬平「文治の国地頭をめぐる源頼朝と北条時政の相剋」『京都大学文学部研究紀要』第二一号、一九八二年
奥富敬之『鎌倉北条一族』新人物往来社、一九八三年
河合正治「執権北条時政」安田元久編『鎌倉幕府将軍執権列伝』秋田書店、一九七四年
川合康「治承・寿永内乱と伊勢・伊賀平氏――平氏軍制の特徴と鎌倉幕府権力の形成」同『鎌倉幕府成立史の研究』校倉書房、二〇〇四年
木内正広「鎌倉幕府と都市京都」『日本史研究』第一七五号、一九七七年
御家人制研究会編『吾妻鏡人名索引』吉川弘文館、一九七一年
五味文彦『院政期社会の研究』山川出版社、一九八四年
佐伯真一「寿永年間頼盛関東下向について」水原一編『延慶本平家物語考証一』新典社、一九九二年
佐伯智広「一条能保と鎌倉初期公武関係」『古代文化』第五八巻第一号、二〇〇六年
佐々木紀一「北条時家略伝」『米沢史学』第一五号、一九九九年

佐々木紀一「上座信実後伝」『山形県立女子短期大学附属生活文化研究所報告』第三五号、二〇〇八年
塩原浩「頼宗公孫一条家の消長――中世前期における一公卿家の繁栄と衰退」中野栄夫編『日本中世の政治と社会』吉川弘文館、二〇〇三年
末木より子「北条氏被官一覧」北条氏研究会編『北条氏系譜人名辞典』新人物往来社、二〇〇一年
杉橋隆夫「牧の方の出身と政治的位置」上横手雅敬監修『古代・中世の政治と文化』思文閣出版、一九九四年
瀬谷貴之「東国武士と運慶」『別冊太陽　日本のこころ一七六　運慶　時空を超えるかたち』平凡社、二〇一〇年
瀬谷貴之「運慶――中世密教と鎌倉幕府」神奈川県立金沢文庫特別展『運慶　中世密教と鎌倉幕府』図録、二〇一一年
高橋慎一朗「「武家地」六波羅の成立」同『中世の都市と武士』吉川弘文館、一九九六年、初出一九九一年
高橋秀樹「解題」同編『新訂　吉記　索引・解題編』和泉書院、二〇〇八年
髙橋昌明「平正盛と六波羅堂」同『増補改訂　清盛以前』文理閣、二〇〇四年、初出一九七九年
角田文衞『平家後抄』朝日新聞社、一九七八年
田中大喜「平頼盛小考」同『中世武士団構造の研究』校倉書房、二〇一一年、初出二〇〇三年
永原慶二『源頼朝』岩波新書、一九五八年
貫達人『鶴岡八幡宮寺――鎌倉の廃寺』有隣新書、一九九六年
野口実「院・平氏両政権下における相模国」同『坂東武士団の成立と発展』戎光祥出版、二〇一三年、初出一九七九年
野口実「源頼朝の房総半島経略過程について」同『増補改訂　中世東国武士団の研究』戎光祥出版、二〇二一年、初出一九八五年

野口実「義経を支えた人たち」上横手雅敬編『源義経　流浪の勇者——京都・鎌倉・平泉』文英堂、二〇〇四年
野口実「『玉葉』（九条兼実）——東国武士への視線」同『東国武士と京都』同成社、二〇一五年、初出二〇一一年
野口実「出羽国由利軍地頭由利維平をめぐって——源頼朝政権と出羽国」京都女子大学宗教・文化研究所『研究紀要』第三二号、二〇一九年
服部英雄「鹿ケ谷事件と源頼朝」同『歴史を読み解く　さまざまな史料と視角』青史出版、二〇〇三年
春名宏昭「儀仗小考」同『律令国家官制の研究』吉川弘文館、一九九七年
細川重男『鎌倉北条氏の神話と歴史——権威と権力』日本史史料研究会、二〇〇七年
細川重男『北条氏と鎌倉幕府』講談社、二〇一一年
前川佳代「源平合戦後の義経」上横手雅敬編『源義経　流浪の勇者——京都・鎌倉・平泉』文英堂、二〇〇四年
美川圭「関東申次と院伝奏の成立と展開」『院政の研究』臨川書店、一九九六年、初出一九八四年
宮地崇邦「徳大寺実定について——平家登場人物の謎」『國學院雑誌』第八〇巻第一号、一九七九年
村井章介「執権政治の変質」同『中世の国家と在地社会』校倉書房、二〇〇五年、初出一九八四年
村田正志「吉田定房事蹟」同『村田正志著作集　第三巻　続々南北朝史論』思文閣出版、一九八三年、初出（松本周二との共著）一九四〇年
元木泰雄『源義経』吉川弘文館、二〇〇七年
元木泰雄「延慶本『平家物語』にみる源義経」佐伯真一編『中世の軍記物語と歴史叙述　中世の文学と隣接諸学4』竹林舎、二〇一一年
森幸夫「伊豆守吉田経房と在庁官人北条時政」『季刊ぐんしょ』再刊第八号、一九九〇年
森幸夫「頼朝挙兵時の相模国目代について」『無為　無為』第九号、二〇〇九年

安田元久「北条時政」同『鎌倉幕府　その実力者たち』人物往来社、一九六五年
安田元久編『吾妻鏡人名綜覧』吉川弘文館、一九九八年
八幡義信「鎌倉幕政における北条時政の史的評価」『歴史教育』第一一巻第六号、一九六三年

第五章　内乱期・頼朝政権下の時政

秋山哲雄「都市鎌倉における北条氏の邸宅と寺院」『北条氏権力と都市鎌倉』吉川弘文館、二〇〇六年、初出一九九七年
石野弥栄「河野氏と北条氏――いわゆる元久二年閏七月日関東下知状の再検討」『日本歴史』第四九九号、一九八九年
伊藤邦彦『鎌倉幕府守護の基礎的研究【国別考証編】』岩田書院、二〇一〇年
伊藤邦彦「建久期鎌倉幕府の諸問題――『曾我物語』の歴史的深層」同『「建久四年曾我事件」と初期鎌倉幕府』岩田書院、二〇一八年a
伊藤邦彦「『曾我物語』及び「曾我事件」に関する諸研究」同『「建久四年曾我事件」と初期鎌倉幕府』岩田書院、二〇一八年b
伊藤邦彦「「建久四年曾我事件」と『吾妻鏡』」同『「建久四年曾我事件」と初期鎌倉幕府』岩田書院、二〇一八年c
上杉和彦「中世土佐地域史論の諸前提――鎌倉幕府権力と土佐国の関係に関する一試論」十世紀研究会編『中世成立期の政治文化』東京堂出版、一九九九年
大山喬平『日本の歴史　第9巻　鎌倉幕府』小学館、一九七四年
大山喬平「文治の国地頭をめぐる源頼朝と北条時政の相剋」『京都大学文学部研究紀要』第二一号、一九八二年

岡田清一編『河越氏の研究』名著出版、二〇〇三年
菊池紳一「鎌倉時代の天野氏について」安田元久編『吾妻鏡人名総覧』吉川弘文館、一九九八年
坂井孝一「『吾妻鏡』の曽我事件の描き方――『吾妻鏡』史料論再説戦」同『曽我物語の史的研究』吉川弘文館、二〇一四年a
坂井孝一「源頼朝政権における曽我事件」同『曽我物語の史的研究』吉川弘文館、二〇一四年b
杉橋隆夫「北条時政請文　一代の梟雄、謎多き人物の手跡」日本古文書学会編『古文書への招待』勉誠出版、二〇二一年
高尾一彦「淡路国への鎌倉幕府の水軍配置（上）」『兵庫の歴史』第七号、一九七二年
永井路子『つわものの賦』文藝春秋社、一九七八年
水野敬三郎・山本勉『願成就院』高野山真言宗願成就院、二〇一四年

第六章　頼朝死後の時政

石井進『日本の歴史7　鎌倉幕府』一九六五年
石井進「比企一族と信濃、そして北陸道」『石井進著作集』第五巻、岩波書店、二〇〇五年、初出一九九〇年
伊藤邦彦「比企能員と初期鎌倉幕府」『鎌倉』第七三号、一九九三年
菊池紳一「鎌倉時代の足立氏」北条氏研究会編『武蔵武士の諸相』勉誠出版、二〇一七年
杉橋隆夫「執権・連署制の起源――鎌倉執権政治の成立過程・続論」『立命館文学』第四二四 - 四二六合併号、一九八〇年
杉橋隆夫「鎌倉執権政治の成立過程――十三人合議制と北条時政の「執権」職就任」御家人制研究会編『御家人制の研究』吉川弘文館、一九八一年

高橋一樹『動乱の東国史2　東国武士団と鎌倉幕府』吉川弘文館、二〇一三年
滑川敦子「和田義盛と梶原景時――鎌倉幕府侍所成立の立役者たち」野口実編『中世の人物　京・鎌倉の時代編
　第二巻　治承～文治の内乱と鎌倉幕府の成立』清文堂出版、二〇一四年
野口実「下野宇都宮氏の成立と、その平家政権下における存在形態」同『東国武士と京都』同成社、二〇一五年、
　初出二〇一三年
野口実「十二世紀末における阿波国の武士団の存在形態――いわゆる「田口成良」の実像を中心に」京都女子大
　学宗教・文化研究所『研究紀要』第二七号、二〇一四年
山本幸司『頼朝の精神史』講談社、一九九八年

第七章　時政・牧の方の失脚

秋山哲雄「都市鎌倉における北条氏の邸宅と寺院」同『北条氏権力と都市鎌倉』吉川弘文館、二〇〇六年、初出
　一九九七年
秋山哲雄「北条氏所領の成立と展開」同『北条氏権力と都市鎌倉』吉川弘文館、二〇〇六年
石井進『日本の歴史7　鎌倉幕府』中央公論社、一九六五年
川合康「秩父平氏と葛西氏――鎌倉幕府成立史の観点から」埼玉県立嵐山歴史博物館・葛飾区郷土と天文の博物
　館編『秩父平氏の盛衰』勉誠出版、二〇一二年
五味文彦「卿二位と尼二位――女人入眼」『女性文化資料館報』六、一九八五年
鈴木国弘『在地領主制』雄山閣、一九八〇年
須藤聡「平安末期清和源氏義国流の在京活動」『群馬歴史民俗』第一六号、一九九五年
関口崇史「実朝の疱瘡」『無為無為』第一二号、二〇一〇年

谷昇「北条政子危急をめぐる朝幕の対応とその背景——新出「藤原定家自筆明月記断簡」（嘉禄元年七月一日〜三日条）」『立命館文学』第六七四号、二〇二一年
野口実「鎌倉武士と報復——畠山重忠と二俣川の合戦」『古代文化』第五四巻第六号、二〇〇二年
野口実「鎌倉武士の心性」五味文彦・馬淵和雄編『中世都市鎌倉の実像と境界』高志書院、二〇〇四年
野村育世『北条政子　尼将軍の時代』吉川弘文館、二〇〇〇年
彦由三枝子「北条時政十三年忌小考（Ⅰ）——『明月記』嘉禄三年正月廿三日条を中心に」『政治経済史学』第五〇〇号、二〇〇八年
牧野あき沙「瑞林寺地像菩薩坐像の銘文と仏師康慶」跡見学園女子大学美学美術史学科『美学美術史学科報』二八、二〇〇〇年
水野敬三郎・山本勉『願成就院』高野山真言宗願成就院、二〇一四年
村田正志「諸方に伝存する慈円文書」『村田正志著作集　五　国史学論説』思文閣出版、一九八五年
藪本勝治「奥州合戦再読」『古代文化』第六八巻第一号、二〇一六年
山本みなみ「「英雄」小考」『紫苑』第十一号、二〇一三年
山本みなみ「慈円書状をめぐる諸問題」元木泰雄編『日本中世の政治と制度』吉川弘文館、二〇二〇年

終章　時政の遺したもの

石野弥栄「河野氏と北条氏——いわゆる元久二年閏七月日関東下知状の再検討」『日本歴史』第四九九号、一九八九年
上杉和彦「中世土佐地域史論の諸前提——鎌倉幕府権力と土佐国の関係に関する一試論」十世紀研究会編『中世成立期の政治文化』東京堂出版、一九九九年

五味文彦『増補吾妻鏡の方法　事実と神話にみる中世』吉川弘文館、二〇〇〇年
高橋秀樹『中世の家と性』山川出版社、二〇〇四年
野口実「宇都宮頼綱――京都で活動した東国武士」平雅行編『中世の人物　京・鎌倉の時代編　第三巻　公武権力の変容と仏教界』清文堂出版、二〇一四年
細川重男『鎌倉北条氏の神話と歴史――権威と権力』日本史史料研究会、二〇〇七年
彦由三枝子「北条時政十三年忌小考（Ⅰ）――『明月記』嘉禄三年正月廿三日条を中心に」『政治経済史学』第五〇〇号、二〇〇八年
山本みなみ「北条時政とその娘たち――牧の方の再評価」『鎌倉』第一一五号、二〇一三年

あとがき

北条氏の故地韮山には学部生だった時からこれまで何度か訪ねる機会があった。二〇〇六年の二月末には、私の主宰する京都女子大学宗教・文化研究所ゼミナールに参加している関西圏の院生・学生たち、それに、かつて職場の同僚だった山田邦和先生御夫妻にも加わっていただき、自家用車やレンタカーを連ねて「伊豆調査旅行」なるものを行い、おりしも北条氏館跡の発掘調査にあたっておられた韮山町（現、伊豆の国市）教委の山田康雄・池谷初恵両先生から見学の御案内をいただいたこともあった。

最近では、二〇二一年の六月初め、本シリーズの『北条義時』の著者であり、私的には院生時代から大変お世話になっている岡田清一先生とともに、伊豆国市教育委員会主催のイベントに招かれたのを幸いに、その前日、岡田先生とともに池谷先生の御案内であらためて北条氏関係の史跡を巡見する機会を得ることができた。終章に述べた時政の墓所のことも願成就院を訪れた時に池谷先生が話題とされたことである。

北条氏の館・願成就院の背後の守山に登ると眼下に田方平野が広がり、狩野川が流れていくのが見える。そして天気が良ければその先の山の背後に雄大な富士山の姿を望むことが出来る。時政はこんな光景の中で生まれ、死んでいったのである。

守山というと思い出されるのが、時政の詠んだという和歌である。『菟玖波《つくば》集』に、

前右大将頼朝上洛の時、守山を過ぎける時、苺盛りなるを見て、連歌せよと言ひければ

平時政朝臣

守山のいちごさかしくなりにけり

前右近大将頼朝

むばらがいかにうれしかるらむ

の唱句が採録されている。『沙石集』はこの連歌を梶原景時の作としており、歌の素養という点でいえば景時作の可能性が高いように思われ、また頼朝が鎌倉からの上洛に際して北条を通過するというのもおかしいのだが、やはり「守山」の地名が織り込まれていることからすると時政の作とするのが妥当であるような気がする。本書の眼目の一つは、時政が伊豆時代から日常的に和歌を詠むに相応しい文化環境にあったということであるから、そういうことにさせていただこう。

ちなみに、その時政の容姿について触れた史料は遺らない。そこで、本書に使用した時政の肖像画について触れておきたい。歴史上の人物を評価するに際しては、立体であれ平面であれ、その肖像の

もつ影響力は大きい。したがって、とても真の姿を反映しているとは思えないような肖像が流布していることで、その人物のイメージが規定されてしまうような場合もある。管見の限り、北条時政の肖像は近世以降に作られたものしか遺っていない。本書のカバー写真には、その中から私のもつイメージに最も近いものを採用した。おそらく、身につけている装束など、時代に適合しない部分もあると思うのだが、私にとってはこの絵が最善の北条時政像なのである。博文館から明治二十七年（一八九四）に出版された帝国文庫第十七編に『北条九代記』とともに収められた『校訂鎌倉顕晦録』（同館編輯局校訂）、その冒頭に載せられた人物画の一つである。同書の解題によると『鎌倉顕晦録《けんかいろく》』は江戸後期に高井蘭山によって撰せられた稗史の一つであるという。大学生の時、親友の父が亡くなり、その蔵書をいただいた中に、この本（明治四十四年刊の五版）はあった。

さて、話を元に戻そう。守山の麓にある北条氏の館跡には、十五世紀の半ばに至って足利政知《まさとも》があらたに居館を設けている。政知は室町幕府八代将軍義政の異父兄で、当時幕府に反抗して下総古河に退いていた成氏《しげうじ》にかわる鎌倉公方として京都から下ったのであるが、鎌倉に入ることが出来ず、ここに本拠を置いた。さらに、十五世紀の最末に至って、政知の子茶々丸を滅ぼした伊勢盛時は、ここから東にほんの一キロメートルほどの所にある丘にあった城を整備・拡張して生涯の居城とした。盛時はのちに北条早雲と呼ばれる人物である。「北条」を始称したのは盛時の子の氏綱であるが、それが鎌倉幕府の執権北条氏の伝統を継ぐ関東の支配者として、正当な存在としての権威づけを意図したためであることは言うまでもない。北条氏はすでに日蓮から日本の「国主」（「下山消息」）と呼ばれるような存在であったからである。

中世において「北条」の家名は、まさにレジェンドだったのである。そして、そうした意味における北条氏の初代こそ、本書の主人公である時政その人なのであった。だから、どうして時政がそのような天運に恵まれたのかを語る伝承も生まれている。『太平記』巻第五「時政参籠江島事」・巻第三十二「直冬上洛事付鬼丸鬼切事」に記された三鱗の紋章の由来や鬼丸と名付けられた伝世の太刀の話はその最も有名なものであるのだろうが、著者の力量を越えるので、本書ではそうした伝承の類には触れることができなかった。

本書の執筆を依頼されてから、もう二〇年近く経つのではないかと思う。叢書監修委員の上横手雅敬先生からは別の人物での打診があったのだが、研究対象としている時代の問題があり、いろいろ御無理を申し上げた結果、北条時政を担当させていただくことになったという経緯がある。ほかに適任の先生がおられるのに抜擢していただいたのである。全く僭越というのはこのことであろう。にもかかわらず、ここまで遅延したことについてはお詫びの言葉もない。編集担当の田引勝二氏にもたびたび懇切な御連絡をいただきながら、御期待にお応えすることが出来なかった。

一方、たくさんの応援もいただいた。まず、冒頭に述べた伊豆旅行に同行してくれたゼミのメンバーと、その後輩たちである。毎週木曜日の午後、京都女子大学宗教・文化研究所の共同研究室で開かれていた『吾妻鏡』の講読会では、彼らの発表・発言から思わぬヒントをもらうことがあった。とりわけ、ゼミがスタートした頃から同志社大学および関西学院大学大学院から参加してくれた長村祥知氏・山本陽一郎氏や岩田慎平氏にはとくに感謝したい。また、長村氏らに続いて京都大学大学院に進学し、元木泰雄先生の薫陶を受けて、いまや前期鎌倉幕府政治史の最前線に立つに至った山本みなみ氏には、多々教えられるところがあった。ほかにも、将軍御所の空間構造や『吾妻鏡』の書誌について教えてくれた建築史の満田さおり氏、国文学の藪本勝治氏など、お名前を挙げていくと切りがない。

また、鎌倉幕府政治史・北条氏研究の先達である杉橋隆夫先生からは本書執筆に資する御高論を御恵送いただいたし、高野山大学の坂口太郎氏からも折に触れて貴重な資・史料の提供をいただくことがあった。さらに、元号がまだ昭和だった頃から書信と抜刷によって交流のあった折田悦郎先生から、一九七八年に九州大学に提出された大部の卒業論文「北条時政について」の原稿コピーを御提供いただいたことも大変な励みになった。

かくも多くの方たちから教えられ、背中を押され、励まされたにもかかわらず……の本書である。まず、担当編集者として御尽力いただいた田引勝二氏と前田有美氏には、遅筆のお詫びとともに、様々な局面における御助力に対して深く感謝の意を表さなければならない。そして最後に、時政における牧の方と同様に、私の研究と執筆活動を支えてくれている行動的な伴侶に礼を述べて擱筆したい。

二〇二一年八月

野口　実

北条時政略年譜

和暦	西暦	齢	関連事項	一般事項
保延 四	一一三八	1	時政誕生。父は北条時兼、母は伴為房女【武・諸】	
保元 一	一一五六			7月保元の乱。
二	一一五七	20	政子誕生。	
平治 一	一一五九	22		12月平治の乱。
永暦 一	一一六〇	23	3月源頼朝、伊豆に流刑となる。	
長寛 一	一一六三	26	義時誕生。	
仁安 一	一一六六	29		2・11平清盛、太政大臣になる。【公】
二	一一六七	30	5月恵信、伊豆に流刑。【玉】	5・10平重盛に賊徒追討宣旨下る。
嘉応 二	一一七〇	33	大島の源為朝を討つ狩野茂光の軍に従う。【保】	3月藤原信親、伊豆に流刑【兵】6・25藤原秀衡、鎮守府将軍となる。
承安 三	一一七三	36	文覚、伊豆に流刑。【玉・平】	

安元一	一一七五	38	時房誕生。	
二	一一七六	39	10月頼朝を迎えた伊豆の奥野での狩猟に参加。	10月工藤祐経、河津祐泰を射殺。7・8建春門院（平滋子）没。
治承一	一一七七	40	この頃、政子が頼朝と結婚。	6月鹿ヶ谷事件。
二	一一七八	41		11・12安徳天皇誕生。
三	一一七九	42		7・29平重盛没。11月平清盛、福原より入京し、後白河院を幽閉。
四	一一八〇	43	4・27頼朝、北条館で以仁王令旨を受ける。6・19三善康信の使者が伊豆北条に参着。6・27三浦義澄・千葉胤頼、北条に参向。6・29平時兼が伊豆守になる（知行国主平時忠）。8・17頼朝挙兵し、時政等、伊豆目代山木兼隆を討つ。8・20頼朝軍、伊豆から相模に入る。8・24頼朝軍、石橋山合戦に敗れ、北条宗時討死。由比浦で三浦氏の軍と畠山重忠の軍が合戦。8・25波志太山で甲斐源氏が駿河目代橘遠茂らの軍を破る。8・27河越重頼等、三浦氏の衣笠城を攻め落とし、三浦一族は安房に逃れる。時政・義時父子、安房に向かう。8・29頼朝、真鶴崎から安房に上陸。9・2時政、甲斐源氏の宿所を訪	5・26以仁王・源頼政（伊豆知行国主）、敗死。6・3安徳天皇、福原に着御。8・19平清盛、厳島社参詣。9・3頼朝の挙兵が京都に伝わる。9・5頼朝追討の宣旨が下される。9・7木曽義仲が信濃で挙兵する。9・13千葉胤頼ら下総目代を討つ。9・14千葉成胤、藤原親政を討つ。9・17千葉常胤、下総国府に頼朝を迎える。9・17上総広常が大軍を率いて頼朝に参向。

和暦	西暦	齢	関係事項	一般事項
			ねる。9・3頼朝、長狭常伴を討つ。10・13時政父子、甲斐源氏とともに駿河国大石駅に止宿する。10・14時政・武田信義等、駿河鉢田で橘遠茂らを破る。10・18時政、甲斐・信濃の源氏とともに黄瀬川に着く。10・23頼朝、相模国府で論功行賞を行う。12・12頼朝、時政父子らに供奉されて新造の大倉亭に入る。	9・22追討使平維盛軍、福原を発する。10・2頼朝軍、武蔵に入る。10・6頼朝軍、相模に入る。10・19天野遠景、捕えた伊東祐親を頼朝のもとに連行。加々美長清が頼朝のもとに参向。10・20富士川の合戦。10・21源義経が頼朝に参会。11・4頼朝、常陸の佐竹氏を討つ。11・7頼朝、常陸国府で志太義広・源行家と会見。11・17頼朝、和田義盛を侍所別当に補す。
五（養和一）	一一八一	44	1・6工藤景光、北条宗時を殺害した平井紀六を捕えて時政に報じる。2・1時政の娘、足利義兼と結婚。4・7義時ら十一人が頼朝の寝所近辺祇候衆に選ばれる。	2・7平盛俊、丹波国諸荘園総下司になる。2・9源義基が梟首される。2・29肥後国の菊池隆直・豊後国の緒方惟能ら平家に反し、原田種直と合戦。閏2・4平清盛死す。閏2・10平宗盛の家人大夫判官景高、東国に発向。閏2・12伊予国の河野

和暦	西暦	齢	関係事項	一般事項
				通清、平家に反して伊予国を押領。2・15院宣を下して平重衡に頼朝追討を命ず。3・7武田信義、頼朝に誓紙を呈す。3・10平重衡、源行家を墨俣川に破る。6・14木曽義仲と甲斐・信濃源氏が城助職の大軍を破る（横田河原合戦）。【玉】
養和 二（寿永一）	一一八二	45	3・15頼朝、鶴岡社頭から由比浦までの参道を造る。時政ら土石を運ぶ。3・9政子着帯。4・5頼朝、文覚が江ノ島に勧請した弁財天祠供養にのぞむ。時政ら随従。6・1頼朝、寵女亀前を小中太光家の小窪宅に招く。8・12政子、男子（頼家）を産む。11・10政子の命により、亀前の住む伏見広綱の飯島家が破却される。11・12頼朝、飯島家を破却した牧宗親（時親）を召して髻を切る。11・14時政、頼朝の態度を不快として伊豆に下る。義時はこれに従わず。12・16政子の憤りにより、伏見広綱を遠江に配す。	2・14伊東祐親自殺する。10・9城永用、木曽義仲と千曲川辺で戦い、破れる（横田河原合戦）。5・12遠江に住んでいた京都馴染みの伏見（藤原）広綱が安田義定の挙申によって頼朝の右筆となる。9・20法眼円暁（源義家外孫）を鶴岡八幡宮寺別当とする。10・17比企能員、頼家の乳母夫となる。
寿永 二	一一八三	46	時政の孫、泰時が生まれる。10・9頼朝が本位に復	2・23志太義広、小山朝政に敗

			す。10・14頼朝に東海・東山両道の行政権が与える宣旨が下される。【百】10・18平頼盛・一条能保が鎌倉に逐電する。【玉】【百】	れる（野木宮合戦）。7・25平家が退京する。7・28木曽義仲・源行家入京。11・19義仲、院御所法住寺殿を襲う（法住寺合戦）。
寿永　三（元暦一）	一一八四	47	3・11時政、頼朝の命により土佐国の大名国信らに平家追討の下文を送る。3・28頼朝、伊豆北条で平重衡と対面。8・8義時、源範頼に従い西海に進発。12・3時政、園城寺に関する書状を源義経に送る。	1・20源義経入京。木曽義仲敗死。2・7源範頼・義経、福原を攻撃（一ノ谷の合戦）。7・28後鳥羽天皇即位。8・6源義経、検非違使左衛門少尉となる。
元暦　二（文治一）	一一八五	48	2・1義時、源範頼に従い豊後に渡る。2・16頼朝、義時らに書状を送る。3・11頼朝、義時等に慇懃の書を送る。4・20時政、頼朝の命により、伊豆三島社に糟田郷を寄進し、社家を東西に分かつ。5・15時政、牧宗親（時親）・工藤行光を伴い、酒匂宿で平宗盛の身柄を受けとる。6・7時政ら、簾中の頼朝とともに宗盛を覧る。8・24鎮西より帰参した下河辺行平が頼朝に盃酒を献ず。その関に時政ら群参。10・24勝長寿院落慶供養。時政・牧の方・義時ら参列。11・25時政上洛。源行家・義経追討の院宣を受	2・18屋島の合戦。3・24壇ノ浦合戦。平家滅亡。4・27源義経、院御厩司となる。頼朝従二位に叙せられ、政所を開く。6・23平重衡が南都で梟首される。8・16義経、伊予守に補任。頼朝、知行国六カ国を与えられる。8・28東大寺大仏開眼供養。10・18源頼朝追討の宣旨が下る。11・11諸国に義経追討の院宣が

文治	二	一一八六	49

ける。11・28時政、諸国に地頭設置と兵粮米賦課のことを奏上する。12・1頼朝、時政に平時実の逮捕を命じる。12・7時政の亭に静御前が連行される。12・17時政、平宗盛・通盛の子を捕えて梟首する。

1・9時政、高野山領の兵粮米と地頭を停止する。1・11時政、肥後国高瀬庄に地頭・惣追捕使は置くが狼藉を禁ず。2・1時政、群盗を検非違使庁に渡さずに処刑する。2・7時政の使者、平時実の上総配流の官符を鎌倉に伝える。2・9時政、飛脚をもって吉田経房より到来した院宣を鎌倉に届ける。2・13時政、当番雑色をもって頼朝に書状を届ける。2・21弓削庄の兵粮米を停止すべく、時政に吉田経房の奉によって院より仰せあり。請文を進む。2・22院より神崎庄の兵粮米停止につき、経房をもって時政に仰せあり、天野遠景にこれを命じ、そのことを鎌倉に伝える。2・25京都七条の鐙工が時政の部下の濫妨を訴える。3・1時政、七国の地頭職を辞退。3・2今南・石負庄の兵粮米を停止すべしとの院宣が吉田経房より時政に伝えられる。3・4主水司の供御所丹波国神吉の地頭職を免除すべき旨の消

下る。11・12河越重頼、所領を没収される。12・17院近臣高階泰経ら解官。12・27九条兼実ら議奏公卿となる。

2・6一条能保、妻室を伴って帰洛。2・7頼朝、中原（大江）広元に肥後国山本庄を与える。2・28頼朝、諸国荘園の兵粮米停止を奏上。2・29頼朝、近江国善積庄を中原信房に与える。3・1静御前とその母磯禅師が鎌倉に参着。3・9武田信義卒。3・13頼朝、知行国（相模・武蔵・伊豆・駿河・上総・下総・信濃・越後・豊後）の乃貢を期限内に沙汰することを書状をもって吉田経房に伝える。3・21頼朝の奏請により諸国兵粮米を停止する。4・4頼朝、長谷部信連を家人に加え、安芸

文治　三	一一八七	50	息を大江広元の沙汰として時政に遣わす。3・7経房より時政の申状が奏聞がされたことが時政に書状で伝えられる。3・16頼朝が諸国兵粮米停止のことなどを時政に伝える。3・23時政が関東に帰参する旨を奏聞する。3・27時政、東下に際して、洛中警衛のために選定した武士のリストを経房に進める。4・1時政、尾張国萱津宿に着く。4・13時政、鎌倉に着く。5・3時政の依頼で運慶が願成就院の不動明王像などを造立。5・13時政離京後、洛中で群盗多発の事を記した院宣が鎌倉に届く。5・15時政の雑色が鎌倉に着く。7・27時政、京中に平家没官領の屋地を与えられる。9・23時政の代官が越前国大蔵庄で押妨のことについて院宣が下されたのに対して沙汰を行う。11・5時政、大夫尉知実の居所を点定したことで、義経同意者の露見あり。 2・28時政の推挙によって伊沢家景が幕府に仕える。9・13摂津国国務・仁和寺領の法を定め、時政の奉として三条左衛門尉に伝える。12・10橘為茂、時政の計らいにより駿河国富士郡田所職に補せらる。	検非違所職等を与える。4・8頼朝・政子、鶴岡宮で静の舞を見る。5・12北条時定、源行家父子を和泉で捕えて、首を鎌倉に送る。6・2平頼盛薨去。7・1頼朝、北条時定を兵衛尉に挙申。7・19時定、源行家追討の功によって兵衛尉となる。7・25源義経の臣伊勢義盛を誅す。平盛国が鎌倉で死ぬ。11・19頼朝の訴えにより、藤原範季が解官される。12・10天野遠景が鎮西奉行となる。 9・20藤原俊成が『千載和歌集』撰進する。9・22頼朝の命により、天野遠景とともに貴海島を攻めるため、宇都宮信房が鎮西に下向する。10・29藤原秀

文治　四	一一八八	51	6・4時政が地頭職をもつ駿河国益頭庄について、朝廷より沙汰を求められる。	衡が死ぬ。 4・23政子の祖母（時政の母）の忌日により、持仏堂で法華講を行う。5・15大内夜行番のことにより八田知家の郎従を検非違使庁に捕致す。【玉】5・17天野遠景ら貴海島を征討する。
文治　五	一一八九	52	4・18時政の三男が元服して時連と名乗る。6・6時政、奥州征伐の祈念して願成就院の立柱上棟のため伊豆に下る。7・19時政父子、奥州征討に際し、頼朝の本隊に加わる。11・2牧政親が藤原泰衡との関係で頼朝の勘気を蒙り、時政に預けられる。11・2時政、頼朝の立願により願成就院建立奉行のため伊豆に赴く。寺の北の地に頼朝の宿館を造営。	4・10北条時定が左衛門尉になる。4・20藤原泰衡が源義経を討つ。9・3藤原泰衡、郎従河田次郎に討たれる。11・25伊豆・相模が頼朝の永代知行国となる。
建久　一	一一九〇	53	9・7伊東祐親の孫曾我筥王が時政の亭で元服し、時致と名乗る。9・21時政、頼朝の上洛に際し、留守居役として伊豆国寺家庄に下る。12・26頼朝、黄瀬川宿に着く。時政、駄餉を献ず。	4・13一条能保の妻（頼朝の妹）が産死する。4・20北条時定、左衛門尉を辞す。11・7頼朝、入洛する。11・9頼朝、権大納言となる。11・11頼朝、六条若宮・石清水八幡宮に参詣。

建久 二	一一九一	54	2・4頼朝、二所詣に出発。時政父子随行。8・18頼朝の新厩に時政進上の黒栗毛の馬あり。9・29時政の室が氏神奉幣のために上洛する。11・12時政の室が、兄弟の宗親（時親）や外甥高成らを伴って京より下向。11・23遠江国河村庄の本主高政、同庄を時政に寄進。12・1時政、盃酒・椀飯を献じる。時政室も御前に候し、牧宗親（時親）・越後介高成も陪膳に候す。高成は時政の眼代として営中格勤を命じられる。閏12・2時政、脚気のため伊豆に下向。	11・24頼朝、右近衛大将となる。12・14頼朝関東へ下る。6・25権大納言（九条）良経、一条能保女と結婚。11・14北条時定の殺害をはかった平康盛（故源有綱の家人）が梶原景時に捕えられる。
建久 三	一一九二	55	5・26時政の孫金剛（泰時）の前を乗馬で通った多賀重行が所領を没収される。7・18政子、時政亭のある名越の浜御所に渡御。7・23千幡（源実朝）が生まれ、時政の娘阿波局が乳母となる。11・29時政、千幡の五十日百日の儀を沙汰する。	7・12頼朝、征夷大将軍になる。8・5将軍家政所を開く。9・25北条義時、幕府官女（比企朝宗女）と結婚。
建久 四	一一九三	56	2・25時政の腹心時定が京都で死ぬ。5・2時政、富士野の巻狩の準備のため狩野親光を伴い駿河に向かう。5・15時政、富士野で頼朝に駄餉を献ず。5・29曾我五郎時致、梟首される。10・1時政、殺	5・28曾我兄弟が工藤祐経を討つ。8・17源範頼が陰謀の疑いで伊豆に下される。12・5安田義定の遠江浅羽庄地頭職を没収

和暦	西暦	年齢	時政関係事項	一般事項
			人を犯した上総国の本大掾国廉の大島流罪を執行。12・13八田知家、時政に宿意をもっていた下妻広幹を誅す。	し、加藤景廉に与える。
建久五	一一九四	57	時政の孫泰時が元服。11・1時政、伊豆国三島社の神事のため時連とともに下向。11・23時政、願成就院の修理を終えて鎌倉に帰参。	5・4藤原季時に幕府に対する社寺の訴訟を管掌させる。5・24大友能直に幕府侍所別当・所司不在の際の着到をつとめさせる。7・20下野守の訴えにより、宇都宮朝綱が土佐に流される。
建久六	一一九五	58	1・10時政、願成就院の年中行事を定め、伊豆に下向。7・10時政、娘（稲毛重成妻）の他界による服喪のため、伊豆に下る。8・13時政、伊豆より帰参。11・13時政、三島社神事のため伊豆に下る。	2・14頼朝、妻子を伴い上洛。3・12東大寺落慶供養。3・29丹後局、政子・大姫等と対面。
建久七	一一九六	59		11・25九条兼実、関白・氏長者罷免。
建久八	一一九七	60	時政、蒲清成を遠江国蒲御厨上下地頭代職に補任。	7・14大姫（頼朝長女）死去。
建久九	一一九八	61		1・5源通親、後鳥院別当となる。【公】
正治一	一一九九	62	4・12時政らによる十三人の合議制始まる。5・13時政以下、結番して京の医師丹波時長を饗応する。	1・13源頼朝死去。1・20源頼家、左中将に転任。1・26頼家、

			10・27阿波局（時政女・政子妹）、梶原景時が結城朝光を讒訴したことを告げる。	頼朝の地位を継ぐ。6・30乙姫（頼朝次女）死去。
正治　二	一二〇〇	63	1・1時政、椀飯を献ず。1・13頼朝の一周忌、時政以下諸大名群参す。時政の沙汰で伊豆願成就院北隣の頼朝亭を仏閣とする。1・20梶原景時、上洛を図る。時政ら御所に参集し、追討軍を派遣。1・25梶原友景、降人として時政亭に来る。4・1時政、従五位下遠江守に叙任される。10・21浜の御所に入御した頼家に時政が盃酒を献ず。	1・20梶原景時討死。1・23三浦義澄卒（七十四歳）。1・24景時の朋友、加藤景廉の所領を収公する。5・12頼家、念仏宗を禁じる。6・21岡崎義実死去（八十九歳）。
建仁　一	一二〇一	64	4・3時政、大江広元らと城資盛の謀反について評定。4・6時政、三善康信、佐々木経蓮の款状について議す。5・13時政・広元、帰洛する佐々木高重に馬を餞す。10・27時政ら、鶴岡八幡宮回廊八足門の上棟に参席。	7・6鎌倉殿御所にて百日の鞠会が始まる。9・11京より招かれた鞠師山柄行景を迎えて鞠会を行う。10・3北条泰時、伊豆に下向する。
建仁　二	一二〇二	65	4・3時政、鶴岡八幡宮臨時祭に将軍の使として参拝。6・1時政、亡息宗時を弔うため、伊豆北条に下向。宗時の墳墓堂は桑原郷に所在。7・16時政、帰参。8・18時政ら、頼家に従い、鶴岡若宮西回廊に飛来した鳩を見る。	7・17頼家、狩猟のため伊豆に出発。北条時連随行。7・22頼家、従二位征夷大将軍となる。8・15舞女微妙、栄西の下で出家。8・23北条泰時、三浦義村女と結婚。9・29頼家、仁田忠

建仁	三	一二〇三	66	2・11時政、鶴岡宮塔の地曳始に参席。9・2比企能員、頼家室の息女を通して時政を追討すべき事を頼家に訴える。政子、このことを時政らに伝える。9・3時政、天野遠景らに能員を誅殺させる。9・3時政ら、比企能員余党を捜し、流刑・死罪に処す。9・5頼家、和田義盛・仁田忠常に時政誅殺を命じるも、義盛は従わず。9・6時政、仁田忠常を名越亭に招き、その帰途、加藤景廉が忠常を誅殺する。9・10千幡が将軍に推挙され、政子のもとから時政の亭に移る。時政、御家人らの所領を安堵する書を下す。9・15政子、阿波局から牧の方の害心を聞き、千幡を時政亭から迎え取る。時政は子細を知らず。9・21時政、大江広元と頼家の鎌倉追放を決める。10・8時政の名越亭において実朝が元服する。加冠は平賀義信。10・9実朝の政所吉書始が行われ、別当時政以下が着す。10・27武蔵国の御家人に対し、時政への忠誠を誓わせる。11・23時政の沙汰で実朝の催した小笠懸の参加者に馬を賜る。	常の宅で終日小笠懸を行う。3・10頼家、駿河国方上御厨地頭職を武田信光より没収。5・19謀反の風聞によって、武田信光が阿野全成を捕える。5・20政子、頼家からの阿波局（全成妻・政子妹）の喚問要求を拒む。5・25全成を常陸に配流する。5・26頼家、狩猟のため伊豆に出発。6・23八田知家、下野で全成を誅殺。8・27頼家重体により地頭職の譲歩を評議。9・3小御所の跡から一幡（頼家息）の死骸を発見する。9・4比企氏に連座して島津忠久が薩摩・大隅・日向の守護職を収公される。9・7頼家、落飾する。実朝（千幡）が従五位下征夷大将軍に叙任される。9・29頼家が伊豆に下る。10・3平賀朝雅

元久　一	一二〇四	67	2・20時政、諸荘園の所務は頼朝時代の例によるべき事を命じる。2・22時政、備後国御調本北条の地頭四方田左近将監の沙汰を停止して国衙に付す。4・18時政、岩殿観音堂に参拝する実朝に扈従。5・8時政、伊勢国員弁郡司進士行綱の本所安堵を下知。6・8時政、伊勢平氏追討の賞を加藤光員に与えることを下知。	が京都警固のために上洛する。11・9実朝、政子とともに大江広元の家に入御。5・6平賀朝雅より、伊勢平氏の反乱平定の報が届く。5・16政子が祖父母追善の仏事を寿福寺で行う。10・14北条政範が実朝の妻となる坊門信清女を迎えるために上洛する。11・4京都六角東洞院の平賀朝雅第で朝雅と畠山重保が諍論。11・5在京中の北条政範が死ぬ（十六歳）。
元久　二	一二〇五	68	1・1時政、椀飯献儀を行う。2・21時政、武蔵国土袋郷の年貢を永福寺住侶の供料とすることを下知す。3・29時政、三島神社御戸帳人の沙汰に関して神主（東大夫）に教書を与える【三】。4・11時政の招請により、武蔵に蟄居していた稲毛重成入道が従類を率いて参上したことを人々が怪しむ。5・18三島神社の修理が始まり、時政は太刀を寄進【三】。6・21時政、畠山重忠父子の誅殺を図り、義時らに	6・21牧の方、兄の大岡時親を通じて、北条義時に畠山重忠謀殺を迫る。6・22三浦義村、畠山重保を討つ。北条義時ら畠山重忠を討伐する。7・8政子、畠山重忠与党の所領を勲功者に与える。閏7・19婿の平賀朝雅を将軍に立てようとする牧の方

			諫められる。6・23北条義時が帰参して時政に畠山重忠に謀反の意志のなかったことを伝える。閏7・19時政、落飾する。同時に出家するもの多し。閏7・20時政、政子・義時によって伊豆北条に引退させられる。閏7・26時政が伊豆山に幽閉されたという噂が都に達する【明】8・5時政の出家により、備前守大岡時親（牧の方の兄）も出家する。	の陰謀が露見し、政子は天野政景らを派遣して実朝を義時亭に迎える。閏7・20北条義時、政所別当となる。閏7・26幕府、在京武士に平賀朝雅を討たせる。8・7義時ら政子の亭において宇都宮頼綱の謀反疑惑を評議する。10・10中原季時が京都守護として上洛する。11・3京より小沢信重が綾小路師季の息女（母稲毛重成女）を伴って下向する。11・4政子、師季の息女を猶子とし、武蔵国小沢郷を与える。12・2頼家の遺子善哉（公暁）が鶴岡別当尊暁の弟子となる。
建永一	一二〇六	69		10・20善哉が実朝の猶子となる。
承元一	一二〇七	70	11・19時政、伊豆国願成就院の南傍に塔を建てて供養する。	2・14北条時房、武蔵守に任じられる。
承元二	一二〇八	71		10・10政子、熊野詣に出発。

承元 三	一二〇九	72		5・12実朝、和田義盛が上総国守の挙申を望んでいることを政子に相談する。5・20義時、法華堂で開かれた故梶原景時一族の法事に参席。12・16義時の立願により願成就院南新御堂供養。
建保 三	一二一五	78	1・6時政、伊豆北条において卒去。	
嘉禄 一	一二二五		2・29藤原定家、時政の五女（藤原国通室・牧の方の所生）が去年から伊豆に滞在していることを日記に記す。【明】7・19政子を見舞うために京都より鎌倉に下向していた時政の八女（宇都宮頼綱室・牧の方の所生）が、政子の死去を藤原定家に伝える。【明】	
安貞 一	一二二九		1・23時政の後家（牧尼）、上洛して婿の藤原国通の有栖川家の一堂に公卿殿上人を集めて時政の十三回忌供養を行う。【明】	
寛元 二	一二四四		7・28時政の五女、政子の二十周忌法要のために法華八講を藤原国通の有栖川亭で催す。【春】	

〈凡例〉【玉】：『玉葉』【保】：『保暦間記』【平】：『平家物語』【百】：『百練抄』【明】：『明月記』【公】：『公卿

補任』【三】：三島大社文書・古記録【春】：『春華秋月抄草』【武】：『武家年代記』【諸】：『諸家系図纂』その他は主に『吾妻鏡』

〈参照〉小野眞一『裏方将軍 北条時政』（叢文社、二〇〇〇年）付載「北条時政及び一族関係年表」

＊西田幾多郎　大橋良介
＊金沢庄三郎　石川遼子
＊柳田国男　鶴見太郎
厨川白村　張　競
＊村岡典嗣　水野雄司
大川周明　山内昌之
西田直二郎　林　淳
＊折口信夫　斎藤英喜
九鬼周造　古川雄嗣
三木　清　杉山直樹
シュタイン　瀧井一博
＊西　周　清水多吉
＊福澤諭吉　平山　洋
加藤弘之　田中由香里
成島柳北　山田俊治
＊福地桜痴　山田俊治
＊村山龍平　早房長治
＊島田三郎　武藤秀太郎
田口卯吉　鈴木栄樹
＊陸　羯南　松田宏一郎
有賀長雄　森田吉彦
＊黒岩涙香　奥　武則
幸徳秋水　馬淵浩二
長谷川如是閑　織田健志
上杉慎吉　今野　元
＊吉野作造　田澤晴子
＊山川　均　米原　謙
＊岩波茂雄　十重田裕一
＊北　一輝　岡本幸治
＊穂積重遠　大村敦志
中野正剛　吉田則昭
＊荒畑寒村　川村邦光
＊満川亀太郎　福家崇洋

＊エドモンド・モレル　林田治男
＊北里柴三郎　福田眞人
高峰譲吉　木村昌人
田辺朔郎　秋元せき
＊南方熊楠　飯倉照平
＊辰野金吾　河上眞理・清水重敦
＊七代目小川治兵衛　尼崎博正
本多静六　岡本貴久子
ブルーノ・タウト　北村昌史
＊ウィリアム・メレル・ヴォーリズ　山形政昭・吉田与志也

現代

昭和天皇　御厨　貴
高松宮宣仁親王　後藤致人
＊李方子　小田部雄次
芦田　均　矢嶋　光
吉田　茂　中西　寛
マッカーサー　柴山　太
鳩山一郎　楠　綾子
＊石橋湛山　増田　弘
重光　葵　武田知己
＊市川房枝　村井良太
＊池田勇人　藤井信幸
高野　実　篠田　徹
和田博雄　庄司俊作
ライシャワー　廣部　泉

朴正熙　木村　幹
＊田中角栄　新川敏光
宮沢喜一　村上友章
竹下　登　真渕　勝
＊松永安左ェ門　橘川武郎
鮎川義介　井口治夫
＊出光佐三　橘川武郎
＊松下幸之助　米倉誠一郎
渋沢敬三　井上　潤
＊本田宗一郎　伊丹敬之
＊井深　大　武田　徹
＊佐治敬三　小玉　武
幸田家の人々　金井景子
＊正宗白鳥　大嶋　仁
＊大佛次郎　福島行一
井伏鱒二　滝口明祥
＊川端康成　大久保喬樹
＊薩摩治郎八　小林　茂
坂口安吾　千葉一幹
太宰　治　安藤　宏
松本清張　杉原志啓
安部公房　鳥羽耕史
＊三島由紀夫　島内景二
井上ひさし　成田龍一
R・H・ブライス　菅原克也
柳　宗悦　熊倉功夫
バーナード・リーチ　鈴木禎宏
＊熊谷守一　古川秀昭
川端龍子　岡部昌幸
藤田嗣治　林　洋子

＊井上有一　海上雅臣
＊手塚治虫　竹内オサム
古賀政男　藍川由美
＊吉田　正　金子　勇
武満　徹　船山　隆
＊八代目坂東三津五郎　田口章子
＊力道山　岡村正史
＊西田天香　宮田昌明
安倍能成　中根隆行
サンソム夫妻　平川祐弘・牧野陽子
＊天野貞祐　貝塚茂樹
和辻哲郎　小坂国継
＊矢代幸雄　稲賀繁美
石田幹之助　岡本さえ
＊平泉　澄　若井敏明
＊早川孝太郎　須藤　功
安岡正篤　片山杜秀
＊青山二郎　田野　勲
＊島田謹二　小林信行
田中美知太郎　川久保剛
前嶋信次　杉田英明
＊唐木順三　澤村修治
亀井勝一郎　山本直人
＊宮本常一　須藤　功
知里真志保　モコットゥナシ
竹内　好　田澤晴子
＊保田與重郎　谷崎昭男
石母田正　磯前順一
＊福田恆存　川久保剛
井筒俊彦　安藤礼二
吉田　満　貝塚茂樹

佐々木惣一　伊藤孝夫
高田保馬　金子　勇
小泉信三　都倉武之
＊瀧川幸辰　伊藤孝夫
式場隆三郎　服部　正
大宅壮一　有馬　学
＊清水幾太郎　庄司武史
山本健吉　井上泰至
＊フランク・ロイド・ライト　大久保美春
＊中谷宇吉郎　杉山滋郎
今西錦司　山極寿一
全斗煥　木村　幹

＊は既刊
二〇二二年八月現在

＊栗本鋤雲　小野寺龍太
＊大村益次郎　竹本知行
岩倉具視　斎藤紅葉
河井継之助　小川和也
松平春嶽　大石　学
＊西郷隆盛　家近良樹
＊由利公正　角鹿尚計
橋本左内　角鹿尚計
＊塚本明毅　塚本　学
松平容保　白石　烈
山岡鉄舟・高橋泥舟　岩下哲典
三条実美　奈良勝司
＊月　性　海原　徹
＊吉田松陰　海原　徹
＊高杉晋作　海原　徹
＊久坂玄瑞　一坂太郎
ペリー　遠藤泰生
ハリス　福岡万里子
オールコック　佐野真由子
アーネスト・サトウ　奈良岡聰智

近代

＊明治天皇　伊藤之雄
＊大正天皇　F・R・ディキンソン
＊昭憲皇太后・貞明皇后　小田部雄次
大久保利通　三谷太一郎
山県有朋　鳥海　靖
木戸孝允　落合弘樹
井上　馨　伊藤之雄
＊松方正義　室山義正
榎本武揚　醍醐龍馬
北垣国道　小林丈広
板垣退助　小川原正道
長与専斎　笠原英彦
大隈重信　五百旗頭薫
伊藤博文　坂本一登
井上　毅　大石　眞
＊井上　勝　老川慶喜
三浦梧楼　大澤博明
＊桂　太郎　小林道彦
東郷平八郎　金澤裕之
＊渡邉洪基　瀧井一博
＊乃木希典　佐々木英昭
星　　亨　小林道彦
林　　董　奈良岡聰智
＊児玉源太郎　小林道彦
＊高宗・閔妃　木村　幹
山本権兵衛　室山義正
＊金子堅太郎　松村正義
高橋是清　鈴木俊夫
小村寿太郎　簑原俊洋
＊犬養　毅　小林惟司
原　　敬　季武嘉也
＊加藤高明　櫻井良樹
牧野伸顕　小宮一夫
田中義一　黒沢文貴
内田康哉　高橋勝浩
平沼騏一郎　堀田慎一郎
＊鈴木貫太郎　小堀桂一郎
宇垣一成　北岡伸一
＊宮崎滔天　榎本泰子
＊浜口雄幸　川田　稔
幣原喜重郎　西田敏宏
関　　一　玉井金五
水野広徳　片山慶隆
＊広田弘毅　井上寿一
安重根　上垣外憲一
＊グルー　廣部　泉
＊永田鉄山　森　靖夫
東條英機　牛村　圭
今村　均　前田雅之
蒋介石　劉　岸偉
近衛文麿　庄司潤一郎
＊岩崎弥太郎　武田晴人
伊藤忠兵衛　末永國紀
＊五代友厚　田付茉莉子
大倉喜八郎　村上勝彦
＊安田善次郎　由井常彦
＊渋沢栄一　武田晴人
中野武営　佐賀香織
益田　孝　鈴木邦夫
山辺丈夫　宮本又郎
大川平三郎　四方田雅史
武藤山治　阿部武司・桑原哲也
池田成彬　松浦正孝
西原亀三　森川正則
小林一三　橋爪紳也
大倉恒吉　石川健次郎
大原孫三郎　猪木武徳
＊河竹黙阿弥　今尾哲也
イザベラ・バード　加納孝代
小泉八雲　斎藤英喜
＊林　忠正　木々康子
＊森　鷗外　小堀桂一郎
＊二葉亭四迷　ヨコタ村上孝之
＊正岡子規　井上泰至
＊夏目漱石　佐々木英昭
徳冨蘆花　半藤英明
巖谷小波　千葉信胤
樋口一葉　佐伯順子
＊島崎藤村　十川信介
泉　鏡花　東郷克美
上田　敏　小林　茂
＊有島武郎　亀井俊介
志賀直哉　小林幸夫
北原白秋　平石典子
菊池　寛　山本芳明
芥川龍之介　高橋龍夫
＊宮沢賢治　千葉一幹
高浜虚子　坪内稔典
与謝野晶子　佐伯順子
＊種田山頭火　村上　護
＊斎藤茂吉　品田悦一
＊高村光太郎　湯原かの子
石川啄木　先崎彰容
＊原阿佐緒　秋山佐和子
＊狩野芳崖・高橋由一　古田　亮
川村清雄　落合則子
＊小堀鞆音　小堀桂一郎
竹内栖鳳　北澤憲昭
黒田清輝　高階秀爾
中村不折　石川九楊
横山大観　高階秀爾
＊橋本関雪　西原大輔
土田麦僊　天野一夫
岸田劉生　北澤憲昭
濱田庄司　濱田琢司
＊山田耕筰　後藤暢子
松旭斎天勝　川添　裕
中山みき　鎌田東二
佐田介石　谷川　穣
＊ニコライ　中村健之介
＊出口なお・王仁三郎　川村邦光
＊新島　襄　太田雄三
新島八重　佐伯順子
木下広次　冨岡　勝
山川健次郎　小宮京・中澤俊輔
嘉納治五郎　クリストファー・スピルマン
柏木義円　片野真佐子
津田梅子　田中智子
＊澤柳政太郎　新田義之
＊河口慧海　高山龍三
＊山室軍平　室田保夫
大谷光瑞　白須淨眞
＊久米邦武　髙田誠二
フェノロサ　伊藤　豊
井上哲次郎　井ノ口哲也
三宅雪嶺　長妻三佐雄
＊岡倉天心　木下長宏
志賀重昂　中野目徹
徳富蘇峰　杉原志啓
＊竹越与三郎　西田　毅
内藤湖南・桑原隲蔵　礪波　護
＊廣池千九郎　橋本富太郎
岩村　透　今橋映子

*護良親王　新井孝重
*懐良親王　森茂暁
*赤松氏五代　渡邊大門
*北畠親房　岡野友彦
楠正成　兵藤裕己
*楠木正行・正儀　生駒孝臣
*新田義貞　山本隆志
*光厳天皇　深津睦夫
足利尊氏　市沢哲
*足利直義　亀田俊和
佐々木道誉　下坂守
細川頼之　亀田俊和
円観・文観　田中貴子
足利義詮　早島大祐
*足利義持　吉田賢司
足利義教　秦野祐介
足利持氏　植田真平
足利義政　木下昌規
三条西実隆　前田雅之
*日野富子　田端泰子
*大内義弘　平瀬直樹
伏見宮貞成親王　松薗斉
*山名宗全　山本隆志
細川勝元・政元　古野貢
畠山義就　呉座勇一
足利成氏　阿部能久
世阿弥　西野春雄
雪舟等楊　河合正朝
宗祇　鶴崎裕雄
一条兼良　田村航
*満済　森茂暁
一休宗純　原田正俊
蓮如　岡村喜史

戦国・織豊

北条早雲　家永遵嗣
*北条氏綱　黒田基樹
*北条氏政　黒田基樹
*大内義隆　藤井崇
*斎藤氏四代　木下聡
*毛利元就　岸田裕之
*毛利輝元　光成準治
*小早川隆景・秀秋　光成準治
*六角定頼　村井祐樹
*今川義元　小和田哲男
*武田信玄　笹本正治
*武田勝頼　笹本正治
*真田氏三代　笹本正治
*三好長慶　天野忠幸
松永久秀　天野忠幸
*宇喜多直家・秀家　渡邊大門
*上杉謙信　矢田俊文
*大友義鎮　鹿毛敏夫
島津義久・義弘　福島金治
細川幽斎　鈴木元
*長宗我部元親・盛親　平井上総
*最上氏三代　松尾剛次
浅井長政　長谷川裕子
蠣崎・松前氏五代　新藤透
吉田兼倶　西山克
山科言継　松薗斉
*雪村周継　赤澤英二
正親町天皇・後陽成天皇　神田裕理
*足利義輝・義昭　山田康弘
織田信長　三鬼清一郎
織田長益　八尾嘉男
織田信雄　柴裕之
*明智光秀・秀満　小和田哲男
豊臣秀吉　藤井譲治
豊臣秀次　矢部健太郎
*北政所おね　田端泰子
*淀殿　福田千鶴
筒井氏三代　片山正彦
蜂須賀正勝・家政　三宅正浩
前田利家　東四柳史明
*山内一豊・忠義　長屋隆幸
*黒田如水　小和田哲男
*蒲生氏郷　藤田達生
大谷吉継　石畑匡基
石田三成　堀越祐一
*細川ガラシャ　田端泰子
*支倉常長　田中英道
千利休　熊倉功夫
*長谷川等伯　宮島新一
*顕如　神田千里
教如　安藤弥

江戸

*徳川家康　笠谷和比古
板倉勝重　谷徹也
本多忠勝　柴裕之
本多正純　小川雄
柳生宗矩　福田千鶴
*徳川家光　野村玄
柳沢吉保　福留真紀
徳川吉宗　横田冬彦
*後水尾天皇　久保貴子
*光格天皇　藤田覚
*春日局　福田千鶴
宮本武蔵　渡邊大門
*池田光政　倉地克直
保科正之　八木清治
シャクシャイン　岩崎奈緒子
*田沼意次　藤田覚
細川重賢　安高啓明
松平治郷　小林准士
*二宮尊徳　小林惟司
*末次平蔵　岡美穂子
*高田屋嘉兵衛　生田美智子
沢庵宗彭　芳澤元
*林羅山　鈴木健一
吉野太夫　渡辺憲司
熊沢蕃山　川口浩
*山崎闇斎　澤井啓一
山鹿素行　前田勉
*北村季吟　島内景二
伊藤仁斎　澤井啓一
貝原益軒　辻本雅史
関孝和　佐藤賢一
*ケンペル　B・M・ボダルト＝ベイリー
新井白石　大川真
*雨森芳洲　上田正昭
石田梅岩　高野秀晴
白隠慧鶴　芳澤勝弘
前野良沢　松田清
平賀源内　石上敏
本居宣長　田尻祐一郎
杉田玄白　吉田忠
木村蒹葭堂　有坂道子
*大田南畝　沓掛良彦
菅江真澄　赤坂憲雄
*鶴屋南北　諏訪春雄
*山東京伝　佐藤至子
*滝沢馬琴　高田衛
平田篤胤　山下久夫
国友一貫斎　太田浩司
シーボルト　宮坂正英
本阿弥光悦　岡佳子
*狩野探幽・山雪　山下善也
尾形光琳・乾山　河野元昭
*二代目市川團十郎　田口章子
伊藤若冲　狩野博幸
*浦上玉堂　高橋博巳
*佐竹曙山　成瀬不二雄
葛飾北斎　岸文和
酒井抱一　玉蟲敏子
孝明天皇　青山忠正
*和宮　辻ミチ子
徳川慶喜　大庭邦彦
島津斉彬　原口泉
*横井小楠　沖田行司
*古賀謹一郎　小野寺龍太
*永井尚志　高村直助
*岩瀬忠震　小野寺龍太

ミネルヴァ日本評伝選

企画推薦
梅原猛
ドナルド・キーン
佐伯彰一
角田文衞

監修委員
上横手雅敬
芳賀徹

編集委員
石川九楊
伊藤之雄
猪木武徳
今谷明
今橋映子
熊倉功夫
佐伯順子
坂本多加雄
武田佐知子
竹西寛子
西口順子
兵藤裕己
御厨貴

上代

＊俾弥呼　古田武彦
日本武尊　西宮秀紀
＊仁徳天皇　若井敏明
雄略天皇　吉村武彦
継体天皇　若井敏明
＊蘇我氏四代　遠山美都男
＊推古天皇　義江明子
聖徳太子　仁藤敦史
斉明天皇　武田佐知子
＊小野妹子・毛人・毛野　大橋信弥
＊額田王　梶川信行
弘文天皇　遠山美都男
天武天皇　新川登亀男
持統天皇　丸山裕美子
阿倍比羅夫　熊田亮介
＊藤原四子　木本好信
役小角　脊古真哉
＊柿本人麿　古橋信孝
＊元明天皇・元正天皇　渡部育子
聖武天皇　本郷真紹
光明皇后　寺崎保広

平安

＊孝謙・称徳天皇　勝浦令子
藤原不比等　荒木敏夫
橘諸兄・奈良麻呂　遠山美都男
吉備真備　今津勝紀
＊藤原仲麻呂　木本好信
道鏡　吉川真司
＊藤原種継　木本好信
＊行基　吉田靖雄

＊桓武天皇　井上満郎
嵯峨天皇　西別府元日
宇多天皇　古藤真平
醍醐天皇　石上英一
村上天皇　京樂真帆子
花山天皇　上島享
＊三条天皇　倉本一宏
藤原薬子　中野渡俊治
＊藤原良房・基経　瀧浪貞子
＊紀貫之　神田龍身
＊安倍晴明　斎藤英喜
＊藤原道長　朧谷寿
＊藤原伊周・隆家　倉本一宏

藤原定子　山本淳子
＊藤原彰子　朧谷寿
藤原頼通　末松剛
清少納言　三田村雅子
和泉式部　ツベタナ・クリステワ
大江匡房　小峯和明
＊阿弖流為　樋口知志
坂上田村麻呂　熊谷公男
＊源満仲・頼光　元木泰雄
平将門　西山良平
＊藤原純友　寺内浩
源義家　大津雄一
最澄　吉田一彦
空海　武内孝善
円珍　岡野浩二
＊空也　石井義長
奝然　上川通夫
＊源信　小原仁
慶滋保胤　吉原浩人
安倍貞任　野中哲照
＊後白河天皇　美川圭
＊式子内親王　奥野陽子
建礼門院　生形貴重

藤原頼長・師長　樋口健太郎
＊藤原秀衡　入間田宣夫
平時子・時忠　元木泰雄
平維盛　根井浄
木曾義仲　樋口州男
守覚法親王　阿部泰郎
藤原隆信・信実　山本陽子

鎌倉

＊源頼朝　川合康
＊源義経　近藤好和
源実朝　神田龍身
＊九条兼実　加納重文
九条道家　上横手雅敬
＊北条時政　野口実
熊谷直実　佐伯真一
＊北条政子　関幸彦
＊北条義時　岡田清一
曾我十郎・五郎　杉橋隆夫
後鳥羽天皇　兵藤裕己
北条時頼　山本隆志
北条時宗　近藤成一
平頼綱　細川重男

竹崎季長　堀本一繁
西行　西澤美仁
鴨長明　浅見和彦
藤原定家　赤瀬信吾
＊京極為兼　今谷明
＊兼好　島内裕子
重源　横内裕人
＊運慶　根立研介
快慶　井上一稔
法然　今堀太逸
＊栄西　中尾良信
明恵　西山厚
＊親鸞　末木文美士
恵信尼・覚信尼　西口順子
覚如　今井雅晴
＊道元　船岡誠
叡尊　細川涼一
＊忍性　松尾剛次
＊日蓮　佐藤弘夫
一遍　蒲池勢至
夢窓疎石　原田正俊
＊宗峰妙超　竹貫元勝

南北朝・室町

後醍醐天皇　上横手雅敬

刊行のことば

歴史を動かすものは人間であり、興趣に富んだ人間の動きを通じて、世の移り変わりを考えるのは、歴史に接する醍醐味である。

しかし過去の歴史学を顧みるとき、人間不在という批判さえ見られたように、歴史における人間のすがたが、必ずしも十分に描かれてきたとはいえない。二十一世紀を迎えた今、歴史の中の人物像を蘇生させようとの要請はいよいよ強く、またそのための条件もしだいに熟してきている。

この「ミネルヴァ日本評伝選」は、正確な史実に基づいて書かれるのはいうまでもないが、単に経歴の羅列にとどまらず、歴史を動かしてきたすぐれた個性をいきいきとよみがえらせたいと考える。そのためには、対象とした人物とじっくりと対話し、ときにはきびしく対決していくことも必要になるだろう。

今日の歴史学が直面している困難の一つに、研究の過度の細分化、瑣末化が挙げられる。それは緻密さを求めるが故に陥った弊害といえるが、その結果として、歴史の大きな見通しが失われ、歴史学を通しての社会への働きかけの途が閉ざされ、人々の歴史への関心を弱める危険性がある。今こそ歴史が何のためにあるのかという、基本的な課題に応える必要があろう。評伝という興味ある方法を通じて、解決の手がかりを見出せないだろうかというのも、この企画の一つのねらいである。

狭義の歴史学の研究者だけでなく、多くの分野ですぐれた業績をあげている著者たちを迎えて、従来見られなかった規模の大きな人物史の叢書として、「ミネルヴァ日本評伝選」の刊行を開始したい。

平成十五年（二〇〇三）九月

ミネルヴァ書房

《著者紹介》

野口　実（のぐち・みのる）

1951年　千葉市生まれ。

1973年　青山学院大学文学部史学科卒業。

1981年　青山学院大学大学院文学研究科史学専攻博士課程修了（文学博士）。

千葉県公立高校教諭，京都文化博物館主任学芸員，鹿児島経済大学社会学部教授，京都女子大学宗教・文化研究所教授などを経て，
現　在　京都女子大学名誉教授，同大学宗教・文化研究所客員研究員，国際日本文化研究センター共同研究員（中世前期政治・社会史専攻）。

著　書　『坂東武士団の成立と発展』弘生書林，1982年。

『鎌倉の豪族Ｉ』かまくら春秋社，1983年。

『武家の棟梁の条件』中央公論社，1994年。

『中世東国武士団の研究』髙科書店，1994年。

『千葉氏の研究』（編著）名著出版，2000年。

『伝説の将軍　藤原秀郷』吉川弘文館，2001年。

『源氏と坂東武士』吉川弘文館，2007年。

『武門源氏の血脈』中央公論新社，2012年。

『治承～文治の内乱と鎌倉幕府の成立』（編著）清文堂出版，2014年。

『東国武士と京都』同成社，2015年，ほか多数。

ミネルヴァ日本評伝選

北《ほう》条《じょう》時《とき》政《まさ》

——頼朝の妻の父，近日の珍物か——

2022年６月10日　初版第１刷発行　〈検印省略〉
2022年８月10日　初版第２刷発行

定価はカバーに
表示しています

著　者　野　口　　　実
発行者　杉　田　啓　三
印刷者　江　戸　孝　典

発行所　株式会社　ミネルヴァ書房

607-8494 京都市山科区日ノ岡堤谷町１
電話代表（075）581-5191
振替口座 01020-0-8076

共同印刷工業・新生製本

ISBN978-4-623-09440-0

人名索引

あ　行

か　行

さ　行

た　行

な 行

は 行

ら　行

わ　行

地名索引

あ 行

か 行

さ　行

た　行

な　行

は　行

ま　行

や　行

ら　行

わ　行